TEATRO

FUENTEOVEJUNA

COMEDIA FAMOSA EN TRES ACTOS

Lope de Vega

- COLECCIÓN AMARANTA -

TEATRO

Aliarediciones

COLECCIÓN AMARANTA - TEATRO

Diseño de cubierta: Aliar Ediciones
Maquetación: Aliar Ediciones

Depósito Legal: GR 1381-2024
ISBN: 978-84-10374-75-1

Impreso en España

FSC
www.fsc.org
MIXTO
Papel | Apoyando la silvicultura responsable
FSC® C127630

Edita ALIAR Ediciones
www.aliarediciones.es
info@aliarediciones.es

«Cuando se alteran
los pueblos agraviados, y resuelven,
nunca sin sangre o sin venganza vuelven».

FUENTEOVEJUNA

COMEDIA FAMOSA EN TRES ACTOS

Lope de Vega

- COLECCIÓN AMARANTA -

TEATRO

PERSONAJES

LA REINA ISABEL DE CASTILLA

EL REY FERNANDO DE ARAGÓN

RODRIGO TÉLLEZ GIRÓN [maestre de la Orden de Calatrava]

FERNÁN GÓMEZ DE GUZMÁN [comendador mayor de la Orden de Calatrava]

DON MANRIQUE

UN JUEZ

DOS REGIDORES DE CIUDAD REAL

ORTUÑO [criado del comendador]

FLORES [criado del comendador]

ESTEBAN [alcalde de Fuenteovejuna]

ALONSO [alcalde de Fuenteovejuna]

OTRO REGIDOR DE FUENTEOVEJUNA

LAURENCIA [labradora]

JACINTA [labradora]

PASCUALA [labradora]

JUAN ROJO [labrador]

FRONDOSO [labrador]

MENGO [labrador]

BARRILDO [labrador]

LEONELO [licenciado en Derecho]

CIMBRANOS [soldado]

UN MUCHACHO

LABRADORES y LABRADORAS

MÚSICOS

ACTO PRIMERO

Habitación en casa del maestre de Calatrava en Almagro

(Salen el COMENDADOR, FLORES Y ORTUÑO, criados).

COMENDADOR:	¿Sabe el maestre que estoy en la villa?
FLORES:	Ya lo sabe.
ORTUÑO:	Está, con la edad, más grave.
COMENDADOR:	¿Y sabe también que soy Fernán Gómez de Guzmán?
FLORES:	Es muchacho, no te asombre.
COMENDADOR:	Cuando no sepa mi nombre, ¿no le sobra el que me dan de comendador mayor?
ORTUÑO:	No falta quien le aconseje que de ser cortés se aleje.

COMENDADOR: Conquistará poco amor.
Es llave la cortesía
para abrir la voluntad;
y para la enemistad
la necia descortesía.

ORTUÑO: Si supiese un descortés
cómo lo aborrecen todos
—y querrían de mil modos
poner la boca a sus pies—,
antes que serlo ninguno,
se dejaría morir.

FLORES: ¡Qué cansado es de sufrir!
¡Qué áspero y qué importuno!
Llaman la descortesía
necedad en los iguales,
porque es entre desiguales
linaje de tiranía.
Aquí no te toca nada;
que un muchacho aún no ha llegado
a saber qué es ser amado.

COMENDADOR: La obligación de la espada
que se ciñó, el mismo día
que la cruz de Calatrava

	le cubrió el pecho, bastaba
	para aprender cortesía.
FLORES:	Si te han puesto mal con él,
	presto le conocerás.
ORTUÑO:	Vuélvete, si en duda estás.
COMENDADOR:	Quiero ver lo que hay en él.

(Sale el MAESTRE de Calatrava y acompañamiento).

MAESTRE:	Perdonad, por vida mía,
	Fernán Gómez de Guzmán;
	que agora nueva me dan
	que en la villa estáis.
COMENDADOR:	Tenía
	muy justa queja de vos;
	que el amor y la crianza
	me daban más confianza,
	por ser, cual somos los dos,
	vos maestre en Calatrava,
	yo vuestro comendador
	y muy vuestro servidor.
MAESTRE:	Seguro, Fernando, estaba
	de vuestra buena venida.

Quiero volveros a dar
los brazos.

COMENDADOR: Debéisme honrar;
que he puesto por vos la vida
entre diferencias tantas,
hasta suplir vuestra edad
el pontífice.

MAESTRE: Es verdad.
Y por las señales santas
que a los dos cruzan el pecho,
que os lo pago en estimaros
y como a mi padre honraros.

COMENDADOR: De vos estoy satisfecho.

MAESTRE: ¿Qué hay de guerra por allá?

COMENDADOR: Estad atento, y sabréis
la obligación que tenéis.

MAESTRE: Decid que ya lo estoy, ya.

COMENDADOR: Gran maestre, don Rodrigo
Téllez Girón, que a tan alto
lugar os trajo el valor
de aquel vuestro padre claro,
que, de ocho años, en vos
renunció su maestrazgo,

que después por más seguro
juraron y confirmaron
reyes y comendadores,
dando el pontífice santo
Pío segunda sus bulas,
y después las suyas Paulo
para que don Juan Pacheco,
gran maestre de Santiago,
fuese vuestro coadjutor:
ya que es muerto, y que os han dado
el gobierno sólo a vos,
aunque de tan pocos años,
advertid que es honra vuestra
seguir en aqueste caso
la parte de vuestros deudos;
porque, muerto Enrique cuarto,
quieren que al rey don Alonso
de Portugal, que ha heredado,
por su mujer, a Castilla,
obedezcan sus vasallos;
que aunque pretende lo mismo
por Isabel don Fernando,
gran príncipe de Aragón,

no con derecho tan claro
a vuestros deudos, que, en fin,
no presumen que hay engaño
en la sucesión de Juana[1],
a quien vuestro primo hermano
tiene agora en su poder.
Y así, vengo a aconsejaros
que juntéis los caballeros
de Calatrava en Almagro,
y a Ciudad Real toméis,
que divide como paso
a Andalucía y Castilla,
para mirarlos a entrambos[2].
Poca gente es menester,
porque tienen por soldados
solamente sus vecinos
y algunos pocos hidalgos,
que defienden a Isabel
y llaman rey a Fernando.
Será bien que deis asombro,

1. Juana la Beltraneja, hija de Enrique IV de Castilla y de Juana de Portugal, a la que los nobles no reconocieron como heredera del reino por suponerla hija de Beltrán de la Cueva, favorito del rey.

2. A entrambos, a los dos reinos de Andalucía y Castilla.

Rodrigo, aunque niño, a cuantos
dicen que es grande esa cruz
para vuestros hombros flacos.
Mirad los condes de Urueña,
de quien venís, que mostrando
os están desde la fama
los laureles que ganaron;
los marqueses de Villena,
y otros capitanes, tantos,
que las alas de la fama
apenas pueden llevarlos.
Sacad esa blanca espada;
que habéis de hacer, peleando,
tan roja como la cruz;
porque no podré llamaros
maestre de la cruz roja
que tenéis al pecho, en tanto
que tenéis la blanca espada;
que una al pecho y otra al lado,
entrambas han de ser rojas;
y vos, Girón soberano,
capa del templo inmortal
de vuestros claros pasados.

MAESTRE: Fernán Gómez, estad cierto,
que en esta parcialidad,
porque veo que es verdad,
con mis deudos me concierto.
Y si importa, como paso
a Ciudad Real mi intento,
veréis que como violento
rayo sus muros abraso.
No porque es muerto mi tío,
piensen de mis pocos años
los propios y los extraños
que murió con él mi brío.
Sacaré la blanca espada
para que quede su luz
de la color de la cruz,
de roja sangre bañada.
Vos, ¿adónde residís
tenéis algunos soldados?

COMENDADOR: Pocos, pero mis criados;
que si de ellos os servís,
pelearán como leones.
Ya veis que en Fuenteovejuna
hay gente humilde, y alguna

	no enseñada en escuadrones,
	sino en campos y labranzas.
MAESTRE:	¿Allí residís?
COMENDADOR:	Allí
	de mi encomienda escogí
	casa entre aquestas mudanzas.
	Vuestra gente se registre;
	que no quedará vasallo.
MAESTRE:	Hoy me veréis a caballo,
	poner la lanza en el ristre.

(Vanse).

Plaza de Fuenteovejuna

(Salen PASCUALA y LAURENCIA).

LAURENCIA:	¡Mas que nunca acá volviera!
PASCUALA:	Pues a la hé que pensé
	que cuando te lo conté
	más pesadumbre te diera.
LAURENCIA:	¡Plega al cielo que jamás
	le vea en Fuenteovejuna!
PASCUALA:	Yo, Laurencia, he visto alguna

tan brava, y pienso que más;
y tenía el corazón
brando como una manteca.

LAURENCIA: Pues ¿hay encina tan seca
como esta mi condición?

PASCUALA: Anda ya; que nadie diga:
«de esta agua no beberé».

LAURENCIA: ¡Voto al sol que lo diré,
aunque el mundo me desdiga!
¿A qué efecto fuera bueno
querer a Fernando yo?
¿Casaráme con él?

PASCUALA: No.

LAURENCIA: Luego la infamia condeno.
¡Cuántas mozas en la villa,
del comendador fiadas,
andan ya descalabradas!

PASCUALA: Tendré yo por maravilla
que te escapes de su mano.

LAURENCIA: Pues en vano es lo que ves,
porque ha que me sigue un mes,
y todo, Pascuala, en vano.
Aquel Flores, su alcahuete,

y Ortuño, aquel socarrón,
me mostraron un jubón,
una sarta y un copete.
Dijéronme tantas cosas
de Fernando, su señor,
que me pusieron temor;
mas no serán poderosas
para contrastar mi pecho.

PASCUALA: ¿Dónde te hablaron?

LAURENCIA: Allá
en el arroyo, y habrá
seis días.

PASCUALA: Y yo sospecho
que te han de engañar, Laurencia.

LAURENCIA: ¿A mí?

PASCUALA: Que no, sino al cura.

LAURENCIA: Soy, aunque polla, muy dura
yo para su reverencia.
Pardiez, más precio poner,
Pascuala, de madrugada,
un pedazo de lunada[3]
al huego para comer,

3. Pernil.

con tanto zalacotón[4]
de una rosca que yo amaso,
y hurtar a mi madre un vaso
del pegado cangilón[5],
y más precio al mediodía
ver la vaca entre las coles
haciendo mil caracoles
con espumosa armonía;
y concertar, si el camino
me ha llegado a causar pena,
casar una berenjena
con otro tanto tocino;
y después un pasatarde,
mientras la cena se aliña,
de una cuerda de mi viña,
que Dios de pedrisco guarde;
y cenar un salpicón
con su aceite y su pimienta,
e irme a la cama contenta,
y al «inducas tentación»
rezalle mis devociones,

4. Trozo de pan.

5. Recipiente untado de pez.

que cuantas raposerías,
con su amor y sus porfías,
tienen estos bellacones;
porque todo su cuidado,
después de darnos disgusto,
es anochecer con gusto
y amanecer con enfado.

PASCUALA: Tienes, Laurencia, razón;
que en dejando de querer,
más ingratos suelen ser
que al villano el gorrión.
En el invierno, que el frío
tiene los campos helados,
descienden de los tejados,
diciéndole: «tío, tío»,
hasta llegar a comer
las migajas de la mesa;
mas luego que el frío cesa,
y el campo ven florecer,
no bajan diciendo «tío»,
del beneficio olvidados,
mas saltando en los tejados
dicen: «judío, judío».

Pues tales los hombres son:
cuando nos han menester,
somos su vida, su ser,
su alma, su corazón;
pero pasadas las ascuas,
las tías somos judías,
y en vez de llamarnos tías,
anda el nombre de las pascuas[6].

LAURENCIA: No fiarse de ninguno.

PASCUALA: Lo mismo digo, Laurencia.

(Salen MENGO, BARRILDO y FRONDOSO).

FRONDOSO: En aquesta diferencia
andas, Barrildo, importuno.

BARRILDO: A lo menos aquí está
quien nos dirá lo más cierto.

MENGO: Pues hagamos un concierto
antes que lleguéis allá,
y es, que si juzgan por mí,
me dé cada cual la prenda,
precio de aquesta contienda.

---

6. Nombre de las pascuas: putas, bellacas y alcahuetas.

BARRILDO: Desde aquí digo que sí.
Mas si pierdes, ¿qué darás?

MENGO: Daré mi rabel de boj,
que vale más que una troj,
porque yo le estimo en más.

BARRILDO: Soy contento.

FRONDOSO: Pues lleguemos.
Dios os guarde, hermosas damas.

LAURENCIA: ¿Damas, Frondoso, nos llamas?

FRONDOSO: Andar al uso queremos:
al bachiller, licenciado;
al ciego, tuerto; al bisojo,
bizco; resentido, al cojo;
y buen hombre, al descuidado.
Al ignorante, sesudo;
al mal galán, soldadesca;
a la boca grande, fresca;
y al ojo pequeño, agudo.
Al pleitista, diligente;
gracioso al entremetido;
al hablador, entendido;
y al insufrible, valiente.
Al cobarde, para poco;

al atrevido, bizarro;
compañero al que es un jarro;
y desenfadado, al loco.
Gravedad, al descontento;
a la calva, autoridad;
donaire, a la necedad;
y al pie grande, buen cimiento.
Al buboso, resfriado;
comedido al arrogante;
al ingenioso, constante;
al corcovado, cargado.
Esto al llamaros imito,
damas, sin pasar de aquí;
porque fuera hablar así
proceder en infinito.

LAURENCIA: Allá en la ciudad, Frondoso,
llámase por cortesía
de esta suerte; y a fe mía,
que hay otro más riguroso
y peor vocabulario
en las lenguas descorteses.

FRONDOSO: Querría que lo dijeses.

LAURENCIA: Es todo a esotro contrario:

al hombre grave, enfadoso;
al que es veraz, descompuesto[7];
y al que reprehende, odioso.
Importuno al que aconseja;
al liberal, moscatel[8];
al justiciero, cruel;
y al que es piadoso, madeja[9].
Al que es constante, villano;
al que es cortés, lisonjero;
hipócrita al limosnero;
y pretendiente, al cristiano.
Al justo mérito, dicha;
a la verdad, imprudencia;
cobardía a la paciencia;
y culpa a lo que es desdicha.
Necia a la mujer honesta;
mal hecha a la hermosa y casta;
y a la honrada... Pero basta;
que esto basta por respuesta.

MENGO: Digo que eres el dimuño.

---

7. Audaz, atrevido.

8. Hombre fastidioso e importuno.

9. Hombro flojo y dejado.

LAURENCIA: ¡Soncas[10] que lo dice mal!
MENGO: Apostaré que la sal
la echó el cura con el puño.
LAURENCIA: ¿Qué contienda os ha traído,
si no es que mal lo entendí?
FRONDOSO: Oye, por tu vida.
LAURENCIA: Di.
FRONDOSO: Préstame, Laurencia, oído.
LAURENCIA: Como prestado, y aun dado,
desde agora os doy el mío.
FRONDOSO: En tu discreción confío.
LAURENCIA: ¿Qué es lo que habéis apostado?
FRONDOSO: Yo y Barrildo contra Mengo.
LAURENCIA: ¿Qué dice Mengo?
BARRILDO: Una cosa
que, siendo cierta y forzosa,
la niega.
MENGO: A negarla vengo,
porque yo sé que es verdad.
LAURENCIA: ¿Qué dice?
BARRILDO: Que no hay amor.
LAURENCIA: Generalmente, es rigor.

10. En verdad.

BARRILDO: Es rigor y es necedad.
Sin amor, no se pudiera
ni aun el mundo conservar.

MENGO: Yo no sé filosofar;
leer, ¡ojalá supiera!
Pero si los elementos
en discordia eterna viven,
y de los mismos reciben
nuestros cuerpos alimentos,
cólera y melancolía,
flema y sangre, claro está.

BARRILDO: El mundo de acá y de allá,
Mengo, todo es armonía.
Armonía es puro amor,
porque el amor es concierto.

MENGO: Del natural os advierto
que yo no niego el valor.
Amor hay, y el que entre sí
gobierna todas las cosas,
correspondencias forzosas
de cuanto se mira aquí;
y yo jamás he negado
que cada cual tiene amor,

correspondiente a su humor,
que le conserva en su estado.
Mi mano al golpe que viene
mi cara defenderá;
mi pie, huyendo, estorbará
el daño que el cuerpo tiene.
Cerraránse mis pestañas
si al ojo le viene mal,
porque es amor natural.

PASCUALA: Pues, ¿de qué nos desengañas?

MENGO: De que nadie tiene amor
más que a su misma persona.

PASCUALA: Tú mientes, Mengo, y perdona;
porque ¿es materia el rigor
con que un hombre a una mujer
o un animal quiere y ama
su semejante?

MENGO: Eso llama
amor propio, y no querer.
¿Qué es amor?

LAURENCIA: Es un deseo
de hermosura.

MENGO: Esa hermosura,

¿por qué el amor la procura?

LAURENCIA: Para gozarla.

MENGO: Eso creo.
Pues ese gusto que intenta,
¿no es para él mismo?

LAURENCIA: Es así.

MENGO: Luego ¿por quererse a sí
busca el bien que le contenta?

LAURENCIA: Es verdad.

MENGO: Pues de ese modo
no hay amor sino el que digo,
que por mi gusto le sigo
y quiero dármele en todo.

BARRILDO: Dijo el cura del lugar
cierto día en el sermón
que había cierto Platón
que nos enseñaba a amar;
que este amaba el alma sola
y la virtud de lo amado.

PASCUALA: En materia habéis entrado
que, por ventura, acrisola
los calctres de los sabios
en sus cademias y escuelas.

LAURENCIA: Muy bien dice, y no te muelas
en persuadir sus agravios.
Da gracias, Mengo, a los cielos,
que te hicieron sin amor.

MENGO: ¿Amas tú?

LAURENCIA: Mi propio honor.

FRONDOSO: Dios te castigue con celos.

BARRILDO: ¿Quién gana?

PASCUALA: Con la quistión
podéis ir al sacristán,
porque él o el cura os darán
bastante satisfacción.
Laurencia no quiere bien,
yo tengo poca experiencia.
¿Cómo daremos sentencia?

FRONDOSO: ¿Qué mayor que ese desdén?

(Sale FLORES).

FLORES: Dios guarde a la buena gente.

FRONDOSO: Este es del comendador
criado.

LAURENCIA: ¡Gentil azor!

¿De adónde bueno, pariente?

FLORES: ¿No me veis a lo soldado?

LAURENCIA: ¿Viene don Fernando acá?

FLORES: La guerra se acaba ya,
puesto que nos ha costado
alguna sangre y amigos.

FRONDOSO: Contadnos cómo pasó.

FLORES: ¿Quién lo dirá como yo,
siendo mis ojos testigos?
Para emprender la jornada
de esta ciudad, que ya tiene
nombre de Ciudad Real,
juntó el gallardo maestre
dos mil lucidos infantes
de sus vasallos valientes,
y trescientos de a caballo
de seglares y de freiles;
porque la cruz roja obliga
cuantos al pecho la tienen,
aunque sean de orden sacro;
mas contra moros, se entiende.
Salió el muchacho bizarro
con una casaca verde,

bordada de cifras de oro,
que sólo los brazaletes
por las mangas descubrían,
que seis alamares prenden.
Un corpulento bridón,
Rucio rodado, que al Betis
bebió el agua, y en su orilla
despuntó la grama fértil;
el codón labrado en cintas
de ante, y el rizo copete
cogido en blancas lazadas,
que con las moscas de nieve
que bañan la blanca piel
iguales labores teje.
A su lado Fernán Gómez,
vuestro señor, en un fuerte
melado, de negros cabos,
puesto que con blanco bebe.
Sobre turca jacerina[11],
peto y espaldar luciente,
con naranjada orla saca,

11. Frase que se entiende de los caballos, para dar a entender que tienen una señal blanca en el hocico, de la cual se infiere que serán buenos y leales.

que de oro y perlas guarnece.
El morrión, que coronado
con blancas plumas, parece
que del color naranjado
aquellos azahares vierte;
ceñida al brazo una liga
roja y blanca, con que mueve
un fresno entero por lanza
que hasta en Granada le temen.
La ciudad se puso en arma;
dicen que salir no quieren
de la corona real,
y el patrimonio defienden.
Entróla bien resistida,
y el maestre a los rebeldes
y a los que entonces trataron
su honor injuriosamente
mandó cortar las cabezas,
y a los de la baja plebe,
con mordazas en la boca,
azotar públicamente.
Queda en ella tan temido
y tan amado, que creen

que quien en tan pocos años
pelea, castiga y vence,
ha de ser en otra edad
rayo del África fértil,
que tantas lunas azules
a su roja cruz sujete.
Al comendador y a todos
ha hecho tantas mercedes,
que el saco[12] de la ciudad
el de su hacienda parece.
Mas ya la música suena;
recibidle alegremente,
que al triunfo las voluntades
son los mejores laureles.

(Salen el COMENDADOR y ORTUÑO, MÚSICOS Y JUAN ROJO; ESTEBAN Y ALONSO, ALCALDES).

MÚSICOS: *(Cantan).*

«Sea bien venido
el comendadore
de rendir las tierras
y matar los hombres.

12. Saqueo.

¡Vivan los Guzmanes!
¡Vivan los Girones!
Si en las paces blando,
dulce en las razones.
Venciendo moriscos,
fuertes como un roble,
de Ciudad-Reale viene vencedore;
que a Fuenteovejuna
trae los pendones.
¡Viva muchos años,
viva Fernán Gómez!».

COMENDADOR: Villa, yo os agradezco justamente
el amor que me habéis aquí mostrado.

ALONSO: Aun no muestra una parte del que siente.
Pero ¿qué mucho que seáis amado,
mereciéndolo vos?

ESTEBAN: Fuenteovejuna
y el regimiento[13] que hoy habéis honrado,
que recibáis os ruega e importuna
un pequeño presente, que esos carros
traen, señor, no sin vergüenza alguna,
de voluntades y árboles bizarros,

13. El concejo municipal.

más que de ricos dones. Lo primero
traen dos cestas de polidos barros;
de gansos viene un ganadillo entero,
que sacan por las redes las cabezas,
para cantar vueso valor guerrero.
Diez cebones en sal, valientes piezas,
sin otras menudencias y cecinas,
y más que guantes de ámbar, sus cortezas.
Cien pares de capones y gallinas,
que han dejado viudos a sus gallos
en las aldeas que miráis vecinas.
Acá no tienen armas ni caballos,
no jaeces bordados de oro puro,
si no es oro el amor de los vasallos.
Y porque digo puro, os aseguro
que vienen doce cueros, que aun en cueros
por enero podéis guardar un muro,
si de ellos aforráis vuestros guerreros,
mejor que de las armas aceradas;
que el vino suele dar lindos aceros.
De quesos y otras cosas no excusadas
no quiero daros cuenta. Justo pecho
de voluntades que tenéis ganadas;

y a vos y a vuestra casa, buen provecho.

COMENDADOR: Estoy muy agradecido.
Id, regimiento, en buen hora.

ALONSO: Descansad, señor, agora,
y seáis muy bien venido;
que esta espadaña que veis
y juncia a vuestros umbrales
fueran perlas orientales,
y mucho más merecéis,
a ser posible a la villa.

COMENDADOR: Así lo creo, señores.
Id con Dios.

ESTEBAN: Ea, cantores,
vaya otra vez la letrilla.

MÚSICOS: *(Cantan).*

«Sea bien venido
el comendadore
de rendir las tierras
y matar los hombres».

(Vanse los MÚSICOS y los ALCALDES).

COMENDADOR: Esperad vosotras dos.

LAURENCIA: ¿Qué manda su señoría?

COMENDADOR: ¡Desdenes el otro día,
pues, conmigo! ¡Bien, por Dios!

LAURENCIA: ¿Habla contigo, Pascuala?

PASCUALA: Conmigo no, tirte ahuera[14].

COMENDADOR: Con vos hablo, hermosa fiera,
y con esotra zagala.
¿Mías no sois?

PASCUALA: Sí, señor;
mas no para casos tales.

COMENDADOR: Entrad, pasado los umbrales;
hombres hay, no hayáis temor.

LAURENCIA: Si los alcaldes entraran,
que de uno soy hija yo,
bien huera entrar; mas si no...

COMENDADOR: ¡Flores!

FLORES: ¿Señor?

COMENDADOR: ¡Que reparan
en no hacer lo que les digo!

FLORES: ¡Entrad, pues!

LAURENCIA: No nos agarre.

FLORES: Entrad; que sois necias.

---

14. ¡Quita allá!

PASCUALA: Arre;

que echaréis luego el postigo.

FLORES: Entrad; que os quiere enseñar

lo que trae de la guerra.

COMENDADOR: Si entraren, Ortuño, cierra.

(Entrase).

LAURENCIA: Flores, dejadnos pasar.

ORTUÑO: ¿También venís presentadas

con lo demás?

PASCUALA: ¡Bien a fe!

Desvíese, no le dé...

FLORES: Basta; que son extremadas.

LAURENCIA: ¿No basta a vuestro señor

tanta carne presentada?

ORTUÑO: La vuestra es la que le agrada.

LAURENCIA: ¡Reviente de mal dolor!

(Vanse LAURENCIA y PASCUALA).

FLORES: ¡Muy buen recado llevamos!

No se ha de poder sufrir

lo que nos ha de decir
cuando sin ellas nos vamos.

ORTUÑO: Quien sirve se obliga a esto.
Si en algo desea medrar,
o con paciencia ha de estar,
o ha de despedirse presto.

(Vanse los dos).

Habitación de los Reyes Católicos en Medina del Campo

(Salgan el REY don Fernando, la reina doña ISABEL, MANRIQUE, y acompañamiento).

ISABEL: Digo, señor, que conviene
el no haber descuido en esto,
por ver a Alfonso en tal puesto,
y su ejército previene.
Y es bien ganar por la mano
antes que el daño veamos;
que si no lo remediamos,
el ser muy cierto está llano.

REY: De Navarra y de Aragón
está el socorro seguro,

y de Castilla procuro
hacer la reformación
de modo que el buen suceso
con la prevención se vea.

ISABEL: Pues vuestra majestad crea
que el buen fin consiste en eso.

MANRIQUE: Aguardando tu licencia
dos regidores están
de Ciudad Real. ¿Entrarán?

REY: No les nieguen mi presencia.

(Salen dos REGIDORES de Ciudad Real).

REGIDOR 1: Católico rey Fernando,
a quien ha enviado el cielo
desde Aragón a Castilla
para bien y amparo nuestro:
en nombre de Ciudad Real,
a vuestro valor supremo
humildes nos presentamos,
el real amparo pidiendo.
A mucha dicha tuvimos
tener título de vuestros;

pero pudo derribarnos
de este honor el hado adverso.
El famoso don Rodrigo
Téllez Girón, cuyo esfuerzo
es en valor extremado,
aunque es en la edad tan tierno
maestre de Calatrava,
él, ensanchar pretendiendo
el honor de la encomienda,
nos puso apretado cerco.
Con valor nos prevenimos,
a su fuerza resistiendo,
tanto, que arroyos corrían
de la sangre de los muertos.
Tomó posesión, en fin;
pero no llegara a hacerlo,
a no le dar Fernán Gómez
orden, ayuda y consejo.
Él queda en la posesión,
y sus vasallos seremos,
suyos, a nuestro pesar,
a no remediarlo presto.

REY: ¿Dónde queda Fernán Gómez?

REGIDOR 1: En Fuenteovejuna creo,
por ser su villa, y tener
en ella casa y asiento.
Allí, con más libertad
de la que decir podemos,
tiene a los súbditos suyos
de todo contento ajenos.

REY: ¿Tenéis algún capitán?

REGIDOR 2: Señor, el no haberle es cierto,
pues no escapó ningún noble
de preso, herido o de muerto.

ISABEL: Ese caso no requiere
ser de espacio remediado;
que es dar al contrario osado
el mismo valor que adquiere;
y puede el de Portugal,
hallando puerta segura,
entrar por Extremadura
y causarnos mucho mal.

REY: Don Manrique, partid luego,
llevando dos compañías;
remediad sus demasías
sin darles ningún sosiego.

El conde de Cabra ir puede
con vos; que es Córdoba osado,
a quien nombre de soldado
todo el mundo le concede;
que este es el medio mejor
que la ocasión nos ofrece.

MANRIQUE: El acuerdo me parece
como de tan gran valor.
Pondré límite a su exceso,
si el vivir en mí no cesa.

ISABEL: Partiendo vos a la empresa,
seguro está el buen suceso.

(Vanse todos).

Campo de Fuenteovejuna

(Salen LAURENCIA y FRONDOSO).

LAURENCIA: A medio torcer los paños,
quise, atrevido Frondoso
para no dar qué decir,
desviarme del arroyo;
decir a tus demasías

que murmura el pueblo todo,
que me miras y te miro,
y todos nos traen sobre ojo.
Y como tú eres zagal
de los que huellan, brioso,
y excediendo a los demás
vistes bizarro y costoso,
en todo lugar no hay moza,
o mozo en el prado o soto,
que no se afirme diciendo
que ya para en uno somos;
y esperan todos el día
que el sacristán Juan Chamorro
nos eche de la tribuna
en dejando los piporros[15].
Y mejor sus trojes vean
de rubio trigo en agosto
atestadas y colmadas,
y sus tinajas de mosto,
que tal imaginación
me ha llegado a dar enojo:
ni me desvela ni aflige

15. Instrumento musical de viento.

ni en ella el cuidado pongo.

FRONDOSO: Tal me tienen tus desdenes,
bella Laurencia, que tomo,
en el peligro de verte,
la vida, cuando te oigo.
Si sabes que es mi intención
el desear ser tu esposo,
mal premio das a mi fe.

LAURENCIA: Es que yo no sé dar otro.

FRONDOSO: ¿Posible es que no te duelas
de verme tan cuidadoso
y que imaginando en ti
ni bebo, duermo ni como?
¿Posible es tanto rigor
en ese angélico rostro?
¡Viven los cielos, que rabio!

LAURENCIA: Pues salúdate[16], Frondoso.

FRONDOSO: Ya te pido yo salud,
y que ambos, como palomos,
estemos, juntos los picos,
con arrullos sonorosos,
después de darnos la iglesia...

16. Curar por ensalmo.

LAURENCIA: Dilo a mi tío Juan Rojo;
que aunque no te quiero bien,
ya tengo algunos asomos.

FRONDOSO: ¡Ay de mí! El señor es este.

LAURENCIA: Tirando viene a algún corzo.
Escóndete en esas ramas.

FRONDOSO: ¡Y con qué celos me escondo!

(Sale el COMENDADOR).

COMENDADOR: No es malo venir siguiendo
un corcillo temeroso,
y topar tan bella gama.

LAURENCIA: Aquí descansaba un poco
de haber lavado unos paños;
y así, al arroyo me torno,
si manda su señoría.

COMENDADOR: Aquesos desdenes toscos
afrentan, bella Laurencia,
las gracias que el poderoso
cielo te dio, de tal suerte,
que vienes a ser un monstruo.
Mas si otras veces pudiste

huir mi ruego amoroso,
agora no quiere el campo,
amigo secreto y solo;
que tú sola no has de ser
tan soberbia, que tu rostro
huyas al señor que tienes,
teniéndome a mí en tan poco.
¿No se rindió Sebastiana,
mujer de Pedro Redondo,
con ser casadas entrambas,
y la de Martín del Pozo,
habiendo apenas pasado
dos días del desposorio?

LAURENCIA: Esas, señor, ya tenían
de haber andado con otros
el camino de agradaros;
porque también muchos mozos
merecieron sus favores.
Id con Dios, tras vueso corzo;
que a no veros con la cruz,
os tuviera por demonio,
pues tanto me perseguís.

COMENDADOR: ¡Qué estilo tan enfadoso!

	Pongo la ballesta en tierra,
	y a la práctica de manos
	reduzco melindres.
LAURENCIA:	¿Cómo?
	¿Eso hacéis? ¿Estáis en vos?

(Sale FRONDOSO y toma la ballesta).

COMENDADOR:	No te defiendas.
FRONDOSO:	Si tomo
	la ballesta ¡vive el cielo
	que no la ponga en el hombro!
COMENDADOR:	Acaba, ríndete.
LAURENCIA:	¡Cielos, ayúdame agora!
COMENDADOR:	Solos estamos; no tengas miedo.
FRONDOSO:	Comendador generoso,
	dejad la moza, o creed
	que de mi agravio y enojo
	será blanco vuestro pecho,
	aunque la cruz me da asombro.
COMENDADOR:	¡Perro, villano!...
FRONDOSO:	No hay perro.
	Huye, Laurencia.

LAURENCIA: Frondoso,
mira lo que haces.

FRONDOSO: Vete.

(Vase LAURENCIA).

COMENDADOR: ¡Oh, mal haya el hombre loco,
que se desciñe la espada!
Que, de no espantar medroso
la caza, me la quité.

FRONDOSO: Pues, pardiez, señor, si toco
la nuez[17], que os he de apiolar[18].

COMENDADOR: Ya es ida. Infame, alevoso,
suelta la ballesta luego.
Suéltala, villano.

FRONDOSO: ¿Cómo?
Que me quitaréis la vida.
Y advertid que amor es sordo,
y que no escucha palabras
el día que está en su trono.

COMENDADOR: Pues, ¿la espalda ha de volver

17. Botón para disparar la ballesta.

18. Matar.

un hombre tan valeroso
a un villano? Tira, infame,
tira, y guárdate; que rompo
las leyes de caballero.

FRONDOSO: Eso, no. Yo me conformo
con mi estado, y, pues me es
guardar la vida forzoso,
con la ballesta me voy.

COMENDADOR: ¡Peligro extraño y notorio!
Mas yo tomaré venganza
del agravio y del estorbo.
¡Que no cerrara con él!
¡Vive el cielo, que me corro!

FIN DEL ACTO PRIMERO

ACTO SEGUNDO

Plaza de Fuenteovejuna

(Salen ESTEBAN y otro REGIDOR).

ESTEBAN: Así tenga salud, como parece,
que no se saque más agora el pósito.
El año apunta mal, y el tiempo crece,
y es mejor que el sustento esté en depósito,
aunque lo contradicen más de trece.

REGIDOR: Yo siempre he sido, al fin,
de este propósito,
en gobernar en paz esta república.

ESTEBAN: Hagamos de ello a Fernán Gómez súplica.
No se puede sufrir que estos astrólogos,
en las cosas futuras ignorantes,

nos quieran persuadir con largos prólogos
los secretos a Dios sólo importantes.
¡Bueno es que, presumiendo de teólogos,
hagan un tiempo en el que después y antes!
Y pidiendo el presente lo importante,
al más sabio veréis más ignorante.
¿Tienen ellos las nubes en su casa
y el proceder de las celestes lumbres?
¿Por dónde ven los que en el cielo pasa,
para darnos con ella pesadumbres?
Ellos en el sembrar nos ponen tasa:
daca el trigo, cebada y las legumbres,
calabazas, pepinos y mostazas...
Ellos son, a la fe, las calabazas.
Luego cuentan que muere una cabeza,
y después viene a ser en Transilvania;
que el vino será poco, y la cerveza
sobrará por las partes de Alemania;
que se helará en Gascuña la cereza,
y que habrá muchos tigres en Hircania.
Y al cabo, que se siembre o no se siembre,
el año se remata por diciembre.

(Salen el licenciado LEONELO y BARRILDO).

LEONELO: A fe que no ganéis la palmatoria[1],
porque ya está ocupado el mentidero.

BARRILDO: ¿Cómo os fue en Salamanca?

LEONELO: Es larga historia.

BARRILDO: Un Bártulo seréis.

LEONELO: Ni aun un barbero.
Es, como digo, cosa muy notoria
en esta facultad lo que os refiero.

BARRILDO: Sin duda que venís buen estudiante.

LEONELO: Saber he procurado lo importante.

BARRILDO: Después que vemos tanto libro impreso,
no hay nadie que de sabio no presuma.

LEONELO: Antes que ignoran más siento por eso,
por no se reducir a breve suma;
porque la confusión, con el exceso,
los intentos resuelve en vana espuma;
y aquel que de leer tiene más uso,
de ver letreros sólo está confuso.
No niego yo que de imprimir el arte
mil ingenios sacó de entre la jerga,

1. Se refiere a la costumbre que había que al niño que entraba primero en la escuela le daban la palmeta, para los castigos.

y que parece que en sagrada parte
sus obras guarda y contra el tiempo alberga;
este las distribuye y las reparte.
Débese esta invención a Gutemberga,
un famoso tudesco de Maguncia,
en quien la fama su valor renuncia.
Mas muchos que opinión tuvieron grave
por imprimir sus obras la perdieron;
tras esto, con el nombre del que sabe
muchos sus ignorancias imprimieron.
Otros, en quien la baja envidia cabe,
sus locos desatinos escribieron,
y con nombre de aquel que aborrecían
impresos por el mundo los envían.

BARRILDO:	No soy de esa opinión.
LEONELO:	El ignorante
	es justo que se vengue del letrado.
BARRILDO:	Leonelo, la impresión es importante.
LEONELO:	Sin ella muchos siglos se han pasado,
	y no vemos que en este se levante
	un Jerónimo santo, un Agustino.
BARRILDO:	Dejadlo y asentaos, que estáis mohíno.

(Salen JUAN ROJO y otro LABRADOR).

JUAN ROJO: No hay en cuatro haciendas para un dote,
si es que las vistas han de ser al uso;
que el hombre que es curioso es bien que note
que en esto el barrio y vulgo anda confuso.

LABRADOR: ¿Qué hay del comendador? No os alborote.

JUAN ROJO: ¡Cuál a Laurencia en ese campo puso!

LABRADOR: ¿Quién fue cual él tan bárbaro y lascivo?
Colgado le vea yo de aquel olivo.

(Salen el COMENDADOR, ORTUÑO y FLORES).

COMENDADOR: Dios guarde la buena gente.

REGIDOR: ¡Oh, señor!

COMENDADOR: Por vida mía,
que se estén.

ESTEBAN: Vuseñoría,
adonde suele se siente,
que en pie estaremos muy bien.

COMENDADOR: Digo que se han de sentar.

ESTEBAN: De los buenos es honrar,
que no es posible que den

honra los que no la tienen.

COMENDADOR: Siéntense; hablaremos algo.

ESTEBAN: ¿Vio vuseñoría el galgo?

COMENDADOR: Alcalde, espantados vienen
esos criados de ver tan notable ligereza.

ESTEBAN: Es una extremada pieza.
Pardiez, que puede correr
al lado de un delincuente
o de un cobarde en qüistión[2].

COMENDADOR: Quisiera en esta ocasión
que le hiciérades pariente
a una liebre que por pies
por momentos se me va.

ESTEBAN: Sí haré, par Dios. ¿Dónde está?

COMENDADOR: Allá vuestra hija es.

ESTEBAN: ¡Mi hija!

COMENDADOR: Sí.

ESTEBAN: Pues, ¿es buena
para alcanzada de vos?

COMENDADOR: Reñidla, alcalde, por Dios.

ESTEBAN: ¿Cómo?

COMENDADOR: Ha dado en darme pena.

---

2. Perseguido.

Mujer hay, y principal,
de alguno que está en la plaza,
que dio, a la primera traza, traza
de verme.

ESTEBAN: Hizo mal;
y vos, señor, no andáis bien
en hablar tan libremente.

COMENDADOR: ¡Oh, qué villano elocuente!
¡Ah, Flores!, haz que le den
la *Política*, en que lea
de Aristóteles.

ESTEBAN: Señor,
debajo de vuestro honor
vivir el pueblo desea.
Mirad que en Fuenteovejuna
hay gente muy principal.

LEONELO: ¿Vióse desvergüenza igual?

COMENDADOR: Pues, ¿he dicho cosa alguna
de que os pese, regidor?

REGIDOR: Lo que decís es injusto;
no lo digáis, que no es justo
que nos quitéis el honor.

COMENDADOR: ¿Vosotros honor tenéis?

¡Qué freiles de Calatrava!

REGIDOR: Alguno acaso se alaba
de la cruz que le ponéis,
que no es de sangre tan limpia.

COMENDADOR: ¿Y ensúciola yo juntando
la mía a la vuestra?

REGIDOR: Cuando
que el mal más tiñe que alimpia.

COMENDADOR: De cualquier suerte que sea,
vuestras mujeres se honran.

ESTEBAN: Esas palabras deshonran;
las obras no hay quien las crea.

COMENDADOR: ¡Qué cansado villanaje!
¡Ah! Bien hayan las ciudades,
que a hombres de calidades
no hay quien sus gustos ataje;
allá se precian casados
que visiten sus mujeres.

ESTEBAN: No harán; que con esto quieres
que vivamos descuidados.
En las ciudades hay Dios
y más presto quien castiga.

COMENDADOR: Levantaos de aquí.

ESTEBAN: ¿Que diga
lo que escucháis por los dos?

COMENDADOR: Salid de la plaza luego;
no quede ninguno aquí.

ESTEBAN: Ya nos vamos.

COMENDADOR: Pues no así.

FLORES: Que te reportes te ruego.

COMENDADOR: Querrían hacer corrillo
los villanos en mi ausencia.

ORTUÑO: Ten un poco de paciencia.

COMENDADOR: De tanta me maravillo.
Cada uno de por sí
se vayan hasta sus casas.

LEONELO: ¡Cielo! ¿Que por esto pasas?

ESTEBAN: Ya yo me voy por aquí.

(Vanse los LABRADORES).

COMENDADOR: ¿Qué os parece de esta gente?

ORTUÑO: No sabes disimular,
que no quieres escuchar
el disgusto que se siente.

COMENDADOR: Estos ¿se igualan conmigo?

FLORES: Que no es aqueso igualarse.

COMENDADOR: Y el villano, ¿ha de quedarse
con ballesta y sin castigo?

FLORES: Anoche pensé que estaba
a la puerta de Laurencia,
y a otro, que su presencia
y su capilla imitaba,
de oreja a oreja le di
un beneficio famoso.

COMENDADOR: ¿Dónde estará aquel Frondoso?

FLORES: Dicen que anda por ahí.

COMENDADOR: ¡Por ahí se atreve a andar
hombre que matarme quiso!

FLORES: Como el ave sin aviso,
o como el pez, viene a dar
al reclamo o al anzuelo.

COMENDADOR: ¡Que a un capitán cuya espada
tiemblan Córdoba y Granada,
un labrador, un mozuelo
ponga una ballesta al pecho!
El mundo se acaba, Flores.

FLORES: Como eso pueden amores.

ORTUÑO: Y pues que vive, sospecho

que grande amistad le debes.

COMENDADOR: Yo he disimulado, Ortuño;
que si no, de punta a puño,
antes de dos horas breves,
pasara todo el lugar;
que hasta que llegue ocasión
al freno de la razón
hago la venganza estar.
¿Qué hay de Pascuala?

FLORES: Responde
que anda agora por casarse.

COMENDADOR: ¿Hasta allí quiere fiarse?

FLORES: En fin, te remite donde
te pagarán de contado.

COMENDADOR: ¿Qué hay de Olalla?

ORTUÑO: Una graciosa
respuesta.

COMENDADOR: Es moza briosa.
¿Cómo?

ORTUÑO: Que su desposado
anda tras ella estos días
celoso de mis recados
y de que con tus criados

a visitarla venías;
pero que si se descuida
entrarás como primero.

COMENDADOR: ¡Bueno, a fe de caballero!
Pero el villanejo cuida...

ORTUÑO: Cuida, y anda por los aires.

COMENDADOR: ¿Qué hay de Inés?

FLORES: ¿Cuál?

COMENDADOR: La de Antón.

FLORES: Para cualquier ocasión
ya ha ofrecido sus donaires.
Habléla por el corral,
por donde has de entrar si quieres.

COMENDADOR: A las fáciles mujeres
quiero bien y pago mal.
Si estas supiesen, ¡oh, Flores!,
estimarse en lo que valen...

FLORES: No hay disgustos que se igualen
a contrastar sus favores.
Rendirse presto desdice
de la esperanza del bien;
mas hay mujeres también,
porque el filósofo dice,

que apetecen a los hombres
como la forma desea
la materia; y que esto sea
así, no hay de qué te asombres.

COMENDADOR: Un hombre de amores loco
huélgase que a su accidente
se le rindan fácilmente,
mas después las tiene en poco,
y el camino de olvidar,
al hombre más obligado
es haber poco costado
lo que pudo desear.

(Sale CIMBRANOS, soldado).

CIMBRANOS: ¿Está aquí el comendador?

ORTUÑO: ¿No le ves en tu presencia?

CIMBRANO: ¡Oh, gallardo Fernán Gómez!
Trueca la verde montera
en el blanco morrión
y el gabán en armas nuevas;
que el maestre de Santiago
y el conde de Cabra cercan

a don Rodrigo Girón,
por la castellana reina,
en Ciudad Real; de suerte
que no es mucho que se pierda
lo que en Calatrava sabes
que tanta sangre le cuesta.
Ya divisan con las luces,
desde las altas almenas
los castillo y leones
y barras aragonesas.
Y aunque el rey de Portugal
honrar a Girón quisiera,
no hará poco en que el maestre
a Almagro con vida vuelva.
Ponte a caballo, señor;
que sólo con que te vean
se volverán a Castilla.

COMENDADOR: No prosigas; tente, espera.
Haz, Ortuño, que en la plaza
toquen luego una trompeta.
¿Qué soldados tengo aquí?

ORTUÑO: Pienso que tienes cincuenta.

COMENDADOR: Pónganse a caballo todos.

CIMBRANOS: Si no caminas apriesa,
Ciudad Real es del rey.

COMENDADOR: No hayas miedo que lo sea.

(Vanse).

Campo de Fuenteovejuna

(Salen MENGO, LAURENCIA y PASCUALA, huyendo).

PASCUALA: No te apartes de nosotras.

MENGO: Pues, ¿a qué tenéis temor?

LAURENCIA: Mengo, a la villa es mejor
que vamos unas con otras,
pues que no hay hombre ninguno,
porque no demos con él.

MENGO: ¡Que este demonio cruel
nos sea tan importuno!

LAURENCIA: No nos deja a sol ni a sombra.

MENGO: ¡Oh! Rayo del cielo baje
que sus locuras ataje.

LAURENCIA: Sangrienta fiera le nombra;
arsénico y pestilencia
del lugar.

MENGO: Hanme contado
que Frondoso, aquí en el prado,
para librarte, Laurencia,
le puso al pecho una jara.

LAURENCIA: Los hombres aborrecía,
Mengo; mas desde aquel día
los miro con otra cara.
¡Gran valor tuvo Frondoso!
Pienso que le ha de costar
la vida.

MENGO: Que del lugar
se vaya, será forzoso.

LAURENCIA: Aunque ya le quiero bien,
eso mismo le aconsejo;
mas recibe mi consejo
con ira, rabia y desdén;
y jura el comendador
que le ha de colgar de un pie.

PASCUALA: ¡Mal garrotillo le dé!

MENGO: Mala pedrada es mejor!
¡Voto al sol, si le tirara
con la que llevo al apero,
que al sonar el crujidero

al casco se la encajara!
No fue Sábalo, el romano,
tan vicioso por jamás.

LAURENCIA: Heliogábalo dirás,
más que una fiera inhumano.

MENGO: Pero Galván, o quien fue,
que yo no entiendo de historia;
mas su cativa memoria
vencida de este se ve.
¿Hay hombre en naturaleza
como Fernán Gómez?

PASCUALA: No;
que parece que le dio
de un tigre la aspereza.

(Sale JACINTA).

JACINTA: Dadme socorro, por Dios,
si la amistad os obliga.

LAURENCIA: ¿Qué es esto, Jacinta, amiga?

PASCUALA: Tuyas lo somos las dos.

JACINTA: Del comendador criados,
que van a Ciudad Real,

	más de infamia natural
	que de noble acero armados,
	me quieren llevar a él.
LAURENCIA:	Pues, Jacinta, Dios te libre;
	que cuando contigo es libre,
	conmigo será cruel.

(Vase LAURENCIA).

PASCUALA:	Jacinta, yo no soy hombre
	que te pueda defender.

(Vase PASCUALA).

MENGO:	Yo sí lo tengo de ser,
	porque tengo el ser y el nombre.
	Llégate, Jacinta, a mí.
JACINTA:	¿Tienes armas?
MENGO:	Las primeras
	del mundo.
JACINTA:	¡Oh, si las tuvieras!
MENGO:	Piedras hay, Jacinta, aquí.

(Salen FLORES y ORTUÑO).

FLORES: ¿Por los pies pensabas irte?
JACINTA: ¡Mengo, muerta soy!
MENGO: Señores...
¿A estos pobres labradores?...
ORTUÑO: Pues, ¿tú quieres persuadirte
a defender la mujer?
MENGO: Con los ruegos la defiendo;
que soy su deudo y pretendo
guardarla, si puede ser.
FLORES: Quitadle luego la vida.
MENGO: ¡Voto al sol, si me emberrincho,
y el cáñamo me descincho,
que la llevéis bien vendida!

(Salen el COMENDADOR y CIMBRANOS).

COMENDADOR: ¿Qué es eso? ¿A cosas tan viles
me habéis de hacer apear?
FLORES: Gente de este vil lugar,
que ya es razón que aniquiles,
pues en nada te da gusto,

a nuestras armas se atreve.

MENGO: Señor, si piedad os mueve
de suceso tan injusto,
castigad estos soldados,
que con vuestro nombre agora
roban una labradora
a esposo y padres honrados;
y dadme licencia a mí
que se la pueda llevar.

COMENDADOR: Licencia les quiero dar...
para vengarse de ti.
Suelta la honda.

MENGO: ¡Señor!

COMENDADOR: Flores, Ortuño, Cimbranos,
con ella le atad las manos.

MENGO: ¿Así volvéis por su honor?

COMENDADOR: ¿Qué piensan Fuenteovejuna
y sus villanos de mí?

MENGO: Señor, ¿en qué os ofendí,
ni el pueblo en cosa ninguna?

FLORES: ¿Ha de morir?

COMENDADOR: No ensuciéis
las armas, que habéis de honrar

en otro mejor lugar.

ORTUÑO: ¿Qué mandas?

COMENDADOR: Que lo azotéis.
Llevadle, y en ese roble
le atad y le desnudad,
y con las riendas...

MENGO: ¡Piedad!
¡Piedad, pues sois hombre noble!

COMENDADOR: Azotadle hasta que salten
los hierros de las correas.

MENGO: ¡Cielos! ¿A hazañas tan feas
queréis que castigos falten?

(Vanse MENGO, FLORES y ORTUÑO).

COMENDADOR: Tú, villana, ¿por qué huyes?
¿Es mejor un labrador
que un hombre de mi valor?

JACINTA: ¡Harto bien me restituyes
el honor que me han quitado
en llevarme para ti!

COMENDADOR: ¿En quererte llevar?

JACINTA: Sí;

porque tengo un padre honrado,
que si en alto nacimiento
no te iguala, en las costumbres
te vence.

COMENDADOR: Las pesadumbres
y el villano atrevimiento
no tiemplan bien un airado.
Tira por ahí.

JACINTA: ¿Con quién?

COMENDADOR: Conmigo.

JACINTA: Míralo bien.

COMENDADOR: Para tu mal lo he mirado.
Ya no mía, del bagaje
del ejército has de ser.

JACINTA: No tiene el mundo poder
para hacerme, viva, ultraje.

COMENDADOR: ¡Ea, villana, camina!

JACINTA: ¡Piedad, señor!

COMENDADOR: No hay piedad.

JACINTA: Apelo de tu crueldad
a la justicia divina.

(Llévanla y vanse).

Casa de Esteban

(Salen LAURENCIA y FRONDOSO).

LAURENCIA: ¿Cómo así a venir te atreves,
sin temer tu daño?

FRONDOSO: Ha sido
dar testimonio cumplido
de la afición que me debes.
Desde aquel recuesto vi
salir al comendador,
y fiado en tu valor
todo mi temor perdí.
Vaya donde no le vean
volver.

LAURENCIA: Tente en maldecir,
porque suele más vivir
al que la muerte desean.

FRONDOSO: Si es eso, viva mil años,
y así se hará todo bien,
pues deseándole bien
estarán ciertos sus daños.
Laurencia, deseo saber
si vive en ti mi cuidado,

y si mi lealtad ha hallado
el puerto de merecer.
Mira que toda la villa
ya para en uno nos tiene;
y de cómo a ser no viene
la villa se maravilla.
Los desdeñosos extremos
deja, y responde «no» o «sí».

LAURENCIA: Pues a la villa y a ti
respondo que lo seremos.

FRONDOSO: Deja que tus plantas bese
por la merced recibida,
pues el cobrar nueva vida
por ella es bien que confiese.

LAURENCIA: De cumplimientos acorta;
y para que mejor cuadre,
habla, Frondoso, a mi padre,
pues es lo que más importa,
que allí viene con mi tío;
y fía que ha de tener
ser, Frondoso, tu mujer
buen suceso.

FRONDOSO: En Dios confío.

(Escóndese LAURENCIA. Salen ESTEBAN, alcalde, y el REGIDOR).

ESTEBAN: Fue su término de modo,
que la plaza alborotó.
En efecto, procedió
muy descomedido en todo.
No hay a quien admiración
sus demasías no den;
la pobre Jacinta es quien
pierde por su sinrazón.

REGIDOR: Ya a los católicos reyes,
que este nombre les dan ya,
presto España les dará
la obediencia de sus leyes.
Ya sobre Ciudad Real,
contra el Girón que la tiene,
Santiago a caballo viene
por capitán general.
Pésame; que era Jacinta
doncella de buena pro.

ESTEBAN: Luego a Mengo le azotó.

REGIDOR: No hay negra bayeta o tinta

como sus carnes están.

ESTEBAN: Callad; que me siento arder
viendo su mal proceder
y el mal nombre que le dan.
Yo, ¿para qué traigo aquí
este palo sin provecho?

REGIDOR: Si sus criados lo han hecho
¿de qué os afligís así?

ESTEBAN: ¿Queréis más? Que me contaron
que a la de Pedro Redondo
un día, que en lo más hondo
de este valle la encontraron,
después de sus insolencias,
a sus criados la dio.

REGIDOR: Aquí hay gente. ¿Quién es?

FRONDOSO: Yo,
que espero vuestras licencias.

ESTEBAN: Para mi casa, Frondoso,
licencia no es menester;
debes a tu padre el ser
y a mí otro ser amoroso.
Hete criado, y te quiero
como a hijo.

FRONDOSO: Pues señor,
fiado en aquese amor,
de ti una merced espero.
Ya sabes de quién soy hijo.
ESTEBAN: ¿Hate agraviado ese loco
de Fernán Gómez?
FRONDOSO: No poco.
ESTEBAN: El corazón me lo dijo.
FRONDOSO: Pues señor, con el seguro
del amor que habéis mostrado,
de Laurencia enamorado,
el ser su esposo procuro.
Perdona si en el pedir
mi lengua se ha adelantado;
que he sido en decirlo osado,
como otro lo ha de decir.
ESTEBAN: Vienes, Frondoso, a ocasión
que me alargarás la vida,
por la cosa más temida
que siente mi corazón.
Agradezco, hijo, al cielo
que así vuelvas por mi honor
y agradézcole a tu amor

la limpieza de tu celo.
Mas como es justo, es razón
dar cuenta a tu padre de esto,
sólo digo que estoy presto,
en sabiendo su intención;
que yo dichoso me hallo
en que aqueso llegue a ser.

REGIDOR: De la moza el parecer
tomad antes de acetallo.

ESTEBAN: No tengáis de eso cuidado,
que ya el caso está dispuesto.
Antes de venir a esto,
entre ellos se ha concertado.
En el dote, si advertís,
se puede agora tratar;
que por bien os pienso dar
algunos maravedís.

FRONDOSO: Yo dote no he menester;
de eso no hay que entristeceros.

REGIDOR: Pues que no la pide en cueros
lo podéis agradecer.

ESTEBAN: Tomaré el parecer de ella;
si os parece, será bien.

FRONDOSO: Justo es; que no hace bien
quien los gustos atropella.

ESTEBAN: ¡Hija! ¡Laurencia!...

LAURENCIA: ¿Señor?

ESTEBAN: Mirad si digo bien yo.
¡Ved qué presto respondió!
Hija Laurencia, mi amor
a preguntarte ha venido
(apártate aquí) si es bien
que a Gila, tu amiga, den
a Frondoso por marido,
que es un honrado zagal,
si le hay en Fuenteovejuna...

LAURENCIA: ¿Gila se casa?

ESTEBAN: Y si alguna
le merece y es su igual...

LAURENCIA: Yo digo, señor, que sí.

ESTEBAN: Sí; mas yo digo que es fea
y que harto mejor se emplea
Frondoso, Laurencia, en ti.

LAURENCIA: ¿Aún no se te han olvidado
los donaires con la edad?

ESTEBAN: ¿Quiéresle tú?

LAURENCIA: Voluntad
le he tenido y le he cobrado;
pero por lo que tú sabes...

ESTEBAN: ¿Quieres tú que diga sí?

LAURENCIA: Dilo tú, señor, por mí.

ESTEBAN: ¿Yo? Pues tengo yo las llaves.
Hecho está. Ven, buscaremos
a mi compadre en la plaza.

REGIDOR: Vamos.

ESTEBAN: Hijo, y en la traza
del dote, ¿qué le diremos?
Que yo bien te puedo dar
cuatro mil maravedís.

FRONDOSO: Señor, ¿eso me decís?
Mi honor queréis agraviar.

ESTEBAN: Anda, hijo; que eso
es cosa que pasa en un día;
que si no hay dote, a fe mía,
que se echa menos después.

(Vanse, y quedan FRONDOSO y LAURENCIA).

LAURENCIA: Di, Frondoso. ¿Estás contento?

FRONDOSO: ¡Cómo si lo estoy! ¡Es poco,
pues que no me vuelvo loco
de gozo, del bien que siento!
Risa vierte el corazón
por los ojos de alegría
viéndote, Laurencia mía,
en tan dulce posesión.

(Vanse).

Campo de Ciudad Real

(Salen el MAESTRE, el COMENDADOR, FLORES y ORTUÑO).

COMENDADOR: Huye, señor, que no hay otro remedio.

MAESTRE: La flaqueza del muro lo ha causado,
y el poderoso ejército enemigo.

COMENDADOR: Sangre les cuesta e infinitas vidas.

MAESTRE: Y no se alabarán que en sus despojos
pondrán nuestro pendón de Calatrava,
que a honrar su empresa y los demás bastaba.

COMENDADOR: Tus designios, Girón, quedan perdidos.

MAESTRE: ¿Qué puedo hacer, si la fortuna ciega

a quien hoy levantó mañana humilla?

VOCES: *(Dentro)*. ¡Victoria por los reyes de Castilla!

MAESTRE: Ya coronan de luces las almenas,
y las ventanas de las torres altas
entoldan con pendones victoriosos.

COMENDADOR: Bien pudieran, de sangre que les cuesta.
A fe que es más tragedia que no fiesta.

MAESTRE: Yo vuelvo a Calatrava, Fernán Gómez.

COMENDADOR: Y yo a Fuenteovejuna, mientras tratas
o seguir esta parte de tus deudos,
o reducir la tuya al rey católico.

MAESTRE: Yo te diré por cartas lo que intento.

COMENDADOR: El tiempo ha de enseñarte.

MAESTRE: ¡Ah, pocos años,
sujetos al rigor de sus engaños!

Campo de Fuenteovejuna

(Vanse. Sale la boda, MÚSICOS, MENGO, FRONDOSO, LAURENCIA, PASCUALA, BARRILDO, ESTEBAN, ALONSO Y JUAN ROJO).

MÚSICOS: *(Cantan)*. «¡Vivan muchos años
los desposados!
¡Vivan muchos años!».

MENGO: A fe que no os ha costado
mucho trabajo el cantar.

BARRILDO: Supiéraslo tú trovar
mejor que él está trovado.

FRONDOSO: Mejor entiende de azotes
Mengo que de versos ya.

MENGO: Alguno en el valle está,
para que no te alborotes,
a quien el comendador...

BARRILDO: No lo digas, por tu vida;
que este bárbaro homicida
a todos quita el honor.

MENGO: Que me azotasen a mí
cien soldados aquel día...
sola una honda tenía
harto desdichado fui.
Pero que le hayan echado
una melecina[3] a un hombre,
que, aunque no diré su nombre,
todos saben que es honrado,
llena de tinta y de chinas
¿cómo se puede sufrir?

3. Enema.

BARRILDO: Harílalo por reír.

MENGO: No hay risa con melecinas;
que aunque es cosa saludable...
yo me quiero morir luego.

FRONDOSO: Vaya la copla, te ruego,
si es la copla razonable.

MENGO: «Vivan muchos años juntos
los novios, ruego a los cielos,
y por envidia ni celos
ni riñan ni anden en puntos.
Llevan a entrambos difuntos,
de puro vivir cansados.
¡Vivan muchos años!».

FRONDOSO: ¡Maldiga el cielo el poeta,
que tal coplón arrojó!

BARRILDO: Fue muy presto.

MENGO: Pienso yo
una cosa de esta seta[4].
¿No habéis visto un buñolero
en el aceite abrasando
pedazos de masa echando
hasta llenarse el caldero?

4. Secta.

¿Que unos le salen hinchados,
otros tuertos y mal hechos,
ya zurdos y ya derechos,
ya fritos y ya quemados?
Pues así imagino yo
un poeta componiendo,
la materia previniendo,
que es quien la masa le dio.
Va arrojando verso aprisa
al caldero del papel,
confiado en que la miel
cubrirá la burla y risa.
Mas poniéndolo en el pecho,
apenas hay quien los tome;
tanto que sólo los come
el mismo que los ha hecho.

BARRILDO: Déjate ya de locuras;
deja los novios hablar.

LAURENCIA: Las manos nos da a besar.

JUAN ROJO: Hija, ¿mi mano procuras?
Pídela a tu padre luego
para ti y para Frondoso.

ESTEBAN: Rojo, a ella y a su esposo

que se la dé el cielo ruego,
con su larga bendición.

FRONDOSO: Los dos a los dos la echad.

JUAN ROJO: Ea, tañed y cantad,
pues que para en uno son.

MÚSICOS: *(Cantan).* Al val de Fuenteovejuna
la niña en cabellos baja;
el caballero la sigue
de la cruz de Calatrava.
Entre las ramas se esconde,
de vergonzosa y turbada;
fingiendo que no le ha visto,
pone delante las ramas.
«¿Para qué te escondes,
niña gallarda?
Que mis linces deseos
paredes pasan».
Acercóse el caballero,
y ella, confusa y turbada,
hacer quiso celosías
de las intricadas ramas;
mas como quien tiene amor
los mares y las montañas

atraviesa fácilmente,
la dice tales palabras:
«¿Para qué te escondes,
niña gallarda?
Que mis linces deseos
paredes pasan».

(Sale el COMENDADOR, FLORES, ORTUÑO y CIMBRANOS).

COMENDADOR: Estése la boda queda
y no se alborote nadie.
JUAN ROJO: No es juego aqueste, señor,
y basta que tú lo mandes.
¿Quieres lugar? ¿Cómo vienes
con tu belicoso alarde?
¿Venciste? Mas, ¿qué pregunto?
FRONDOSO: ¡Muerto soy! ¡Cielos, libradme!
LAURENCIA: Huye por aquí, Frondoso.
COMENDADOR: Eso no; prendedle, atadle.
JUAN ROJO: Date, muchacho, a prisión.
FRONDOSO: Pues ¿quieres tú que me maten?
JUAN ROJO: ¿Por qué?
COMENDADOR: No soy hombre yo

que mato sin culpa a nadie;
que si lo fuera, le hubieran
pasado de parte
a parte esos soldados que traigo.
Llevarlo mando a la cárcel,
donde la culpa que tiene
sentencie su mismo padre.

PASCUALA: Señor, mirad que se casa.

COMENDADOR: ¿Qué me obliga el que se case?
¿No hay otra gente en el pueblo?

PASCUALA: Si os ofendió, perdonadle,
por ser vos quien sois.

COMENDADOR: No es cosa,
Pascuala, en que yo soy parte.
Es esto contra el maestre
Téllez Girón, que Dios guarde;
es contra toda su orden,
es su honor, y es importante
para el ejemplo, el castigo;
que habrá otro día quien trate
de alzar pendón contra él,
pues ya sabéis que una tarde
al comendador mayor

(¡qué vasallos tan leales!)
puso una ballesta al pecho.

ESTEBAN: Supuesto que el disculparle
ya puede tocar a un suegro,
no es mucho que en causas tales
se descomponga con vos
un hombre, en efecto, amante;
porque si vos pretendéis
su propia mujer quitarle,
¿qué mucho que la defienda?

COMENDADOR: Majadero sois, alcalde.

ESTEBAN: Por vuestra virtud, señor...

COMENDADOR: Nunca yo quise quitarle
su mujer, pues no lo era.

ESTEBAN: Sí quisistes... Y esto baste;
que reyes hay en Castilla,
que nuevas órdenes hacen,
con que desórdenes quitan.
Y harán mal, cuando descansen
de las guerras, en sufrir
en sus villas y lugares
a hombres tan poderosos
por traer cruces tan grandes;

póngasela el rey al pecho,
que para pechos reales
es esa insignia y no más.

COMENDADOR: ¡Hola! La vara quitadle.

ESTEBAN: Tomad, señor, norabuena.

COMENDADOR: Pues con ella quiero darle
como a caballo brioso.

ESTEBAN: Por señor os sufro. Dadme.

PASCUALA: ¿A un viejo de palos das?

LAURENCIA: Si le das porque es mi padre,
¿qué vengas en él de mí?

COMENDADOR: Llevadla, y haced que guarden
su persona diez soldados.

(Vase el COMENDADOR y los suyos).

ESTEBAN: Justicia del cielo baje.

(Vase).

PASCUALA: Volvióse en luto la boda.

(Vase).

BARRILDO: ¿No hay aquí un hombre que hable?

MENGO: Yo tengo ya mis azotes,
que aún se ven los cardenales
sin que un hombre vaya a Roma.
Prueben otros a enojarle.

JUAN ROJO: Hablemos todos.

MENGO: Señores,
aquí todo el mundo calle.
Como ruedas de salmón
me puso los atabales.

FIN DEL ACTO SEGUNDO

ACTO TERCERO

Sala del concejo en Fuenteovejuna

(Salen ESTEBAN, ALONSO y BARRILDO).

ESTEBAN:	¿No han venido a la junta?
BARRILDO:	No han venido.
ESTEBAN:	Pues más a priesa nuestro daño corre.
BARRILDO:	Ya está lo más del pueblo prevenido.
ESTEBAN:	Frondoso con prisiones en la torre, y mi hija Laurencia en tanto aprieto, si la piedad de Dios no los socorre...

(Salen JUAN ROJO y el REGIDOR).

JUAN ROJO:	¿De qué dais voces, cuando importa tanto

a nuestro bien, Esteban, el secreto?

ESTEBAN: Que doy tan pocas es mayor espanto.

(Sale MENGO).

MENGO: También vengo yo

a hallarme en esta junta.

ESTEBAN: Un hombre cuyas canas baña el llanto,

labradores honrados, os pregunta,

¿qué obsequias[1] debe hacer toda esa gente

a su patria sin honra, ya perdida?

Y si se llaman honras justamente,

¿cómo se harán, si no hay entre nosotros

hombre a quien este bárbaro no afrente?

Respondedme: ¿Hay alguno de vosotros

que no esté lastimado en honra y vida?

¿No os lamentáis los unos de los otros?

Pues si ya la tenéis todos perdida,

¿a qué aguardáis? ¿Qué desventura es esta?

JUAN ROJO: La mayor que en el mundo fue sufrida.

Mas pues ya se publica y manifiesta

que en paz tienen los reyes a Castilla

1. Exequias.

y su venida a Córdoba se apresta,
vayan dos regidores a la villa
y echándose a sus pies pidan remedio.

BARRILDO: En tanto que Fernando, aquel que humilla
a tantos enemigos, otro medio
será mejor, pues no podrá, ocupado,
hacernos bien, con tanta guerra en medio.

REGIDOR: Si mi voto de vos fuera escuchado,
desamparar la villa doy por voto.

JUAN ROJO: ¿Cómo es posible en tiempo limitado?

MENGO: A la fe, que si entiende el alboroto,
que ha de costar la junta alguna vida.

REGIDOR: Ya, todo el árbol de paciencia roto,
corre la nave de temor perdida.
La hija quitan con tan gran fiereza
a un hombre honrado, de quien es regida
la patria en que vivís, y en la cabeza
la vara quiebran tan injustamente.
¿Qué esclavo se trató con más bajeza?

JUAN ROJO: ¿Qué es lo que quieres tú que el pueblo intente?

REGIDOR: Morir, o dar la muerte a los tiranos,
pues somos muchos, y ellos poca gente.

BARRILDO: ¡Contra el señor las armas en las manos!

ESTEBAN: El rey sólo es señor después del cielo,
y no bárbaros hombres inhumanos.
Si Dios ayuda nuestro justo celo,
¿qué nos ha de costar?

MENGO: Mirad, señores,
que vais en estas cosas con recelo.
Puesto que por los simples labradores
estoy aquí, que más injurias pasan,
más cuerdo represento sus temores.

JUAN ROJO: Si nuestras desventuras se compasan,
para perder las vidas, ¿qué aguardamos?
Las casas y las viñas nos abrasan,
¡tiranos son! ¡A la venganza vamos!

(Sale LAURENCIA, desmelenada).

LAURENCIA: Dejadme entrar, que bien puedo,
en consejo de los hombres;
que bien puede una mujer,
si no a dar voto, a dar voces.
¿Conocéisme?

ESTEBAN: ¡Santo cielo!
¿No es mi hija?

JUAN ROJO: ¿No conoces a Laurencia?

LAURENCIA: Vengo tal,
que mi diferencia os pone
en contingencia quién soy.

ESTEBAN: ¡Hija mía!

LAURENCIA: No me nombres
tu hija.

ESTEBAN: ¿Por qué, mis ojos?
¿Por qué?

LAURENCIA: Por muchas razones,
y sean las principales:
porque dejas que me roben
tiranos sin que me vengues,
traidores sin que me cobres.
Aún no era yo de Frondoso,
para que digas que tome,
como marido, venganza;
que aquí por tu cuenta corre;
que en tanto que de las bodas
no haya llegado la noche,
del padre, y no del marido,
la obligación presupone;
que en tanto que no me entregan

una joya, aunque la compren,
no ha de correr por mi cuenta
las guardas ni los ladrones.
Llevóme de vuestros ojos
a su casa Fernán Gómez;
la oveja al lobo dejáis
como cobardes pastores.
¿Qué dagas no vi en mi pecho?
¿Qué desatinos enormes,
qué palabras, qué amenazas,
y qué delitos atroces,
por rendir mi castidad
a sus apetitos torpes?
Mis cabellos, ¿no lo dicen?
¿No se ven aquí los golpes
de la sangre y las señales?
¿Vosotros sois hombres nobles?
¿Vosotros padres y deudos?
¿Vosotros, que no se os rompen
las entrañas de dolor,
de verme en tantos dolores?
Ovejas sois, bien lo dice
de Fuenteovejuna el hombre.

Dadme unas armas a mí
pues sois piedras, pues sois tigres...
Tigres no, porque feroces
siguen quien roba sus hijos,
matando los cazadores
antes que entren por el mar
y por sus ondas se arrojen.
Liebres cobardes nacistes;
bárbaros sois, no españoles.
Gallinas, ¡vuestras mujeres
sufrís que otros hombres gocen!
Poneos ruecas en la cinta.
¿Para qué os ceñís estoques?
¡Vive Dios, que he de trazar
que solas mujeres cobren
la honra de estos tiranos,
la sangre de estos traidores,
y que os han de tirar piedras,
hilanderas, maricones,
amujerados, cobardes,
y que mañana os adornen
nuestras tocas y basquiñas,
solimanes y colores!

A Frondoso quiere ya,
sin sentencia, sin pregones,
colgar el comendador
de la almena de una torre;
de todos hará lo mismo;
y yo me huelgo, medio-hombres,
por que quede sin mujeres
esta villa honrada, y torne
aquel siglo de amazonas,
eterno espanto del orbe.

ESTEBAN: Yo, hija, no soy de aquellos
que permiten que los nombres
con esos títulos viles.
Iré solo, si se pone
todo el mundo contra mí.

JUAN ROJO: Y yo, por más que me asombre
la grandeza del contrario.

REGIDOR: ¡Muramos todos!

BARRILDO: Descoge
un lienzo al viento en un palo,
y mueran estos enormes.

JUAN ROJO: ¿Qué orden pensáis tener?

MENGO: Ir a matarle sin orden.

	Juntad el pueblo a una voz; que todos están conformes en que los tiranos mueran.
ESTEBAN:	Tomad espadas, lanzones, ballestas, chuzos y palos.
MENGO:	¡Los reyes nuestros señores vivan!
TODOS:	¡Vivan muchos años!
MENGO:	¡Mueran tiranos traidores!
TODOS:	¡Tiranos traidores, mueran!

(Vanse todos).

LAURENCIA:	Caminad, que el cielo os oye. ¡Ah, mujeres de la villa! ¡Acudid, por que se cobre vuestro honor, acudid, todas!

(Salen PASCUALA, JACINTA y otras mujeres).

PASCUALA:	¿Qué es esto? ¿De qué das voces?
LAURENCIA:	¿No veis cómo todos van a matar a Fernán Gómez,

y nombres, mozos y muchachos
furiosos al hecho corren?
¿Será bien que solos ellos
de esta hazaña el honor gocen?
Pues no son de las mujeres
sus agravios los menores.

JACINTA: Di, pues, ¿qué es lo que pretendes?

LAURENCIA: Que puestas todas en orden,
acometamos a un hecho
que dé espanto a todo el orbe.
Jacinta, tu grande agravio,
que sea cabo; responde
de una escuadra de mujeres.

JACINTA: No son los tuyos menores.

LAURENCIA: Pascuala, alférez serás.

PASCUALA: Pues déjame que enarbole
en una asta la bandera.
Verás si merezco el nombre.

LAURENCIA: No hay espacio para eso,
pues la dicha nos socorre.
Bien nos basta que llevemos
nuestras tocas por pendones.

PASCUALA: Nombremos un capitán.

LAUREANCIA: Eso no.

PASCUALA: ¿Por qué?

LAURENCIA: Que adonde
asiste mi gran valor
no hay Cides ni Rodamontes.

(Vanse todas).

Sala en casa del comendador

(Sale FRONDOSO, atadas las manos; FLORES, ORTUÑO, CIMBRANOS y el COMENDADOR).

COMENDADOR: De ese cordel que de las manos sobra
quiero que le colguéis, por mayor pena.

FRONDOSO: ¡Qué nombre, gran señor, tu sangre cobra!

COMENDADOR: Colgadle luego en la primera almena.

FRONDOSO: Nunca fue mi intención poner por obra
tu muerte entonces.

FLORES: Grande ruido suena.

(Ruido suene dentro).

COMENDADOR: ¿Ruido?

FLORES: Y de manera que interrompen
tu justicia, señor.

ORTUÑO: Las puertas rompen.

(Ruido).

COMENDADOR: ¡La puerta de mi casa,
y siendo casa de la encomienda!

FLORES: El pueblo junto viene.

JUAN ROJO: *(Dentro).*
¡Rompe, derriba, hunde, quema, abrasa!

ORTUÑO: Un popular motín mal se detiene.

COMENDADOR: ¿El pueblo contra mí?

FLORES: La furia: pasa
tan adelante, que las puertas tiene
echadas por la tierra.

COMENDADOR: Desatadle.
Templa, Frondoso, ese villano alcalde.

FRONDOSO: Yo voy, señor; que amor les ha movido.

(Vase FRONDOSO).

MENGO: *(Dentro).*

¡Vivan Fernando e Isabel, y mueran
los traidores!

FLORES: Señor, por Dios te pido
que no te hallen aquí.

COMENDADOR: Se perseveran,
este aposento es fuerte y defendido.
Ellos se volverán.

FLORES: Cuando se alteran
los pueblos agraviados, y resuelven,
nunca sin sangre o sin venganza vuelven.

COMENDADOR: En esta puerta, así como rastrillo,
su furor con las armas defendamos.

FRONDOSO: *(Dentro).*

¡Viva Fuenteovejuna!

COMENDADOR: ¡Qué caudillo!
Estoy por que a su furia acometamos.

FLORES: De la tuya, señor, me maravillo.

ESTEBAN: Ya el tirano y los cómplices miramos.
¡Fuenteovejuna, y los tiranos mueran!

(Salen todos).

COMENDADOR: Pueblo, esperad.

TODOS: Agravios nunca esperan.

COMENDADOR: Decídmelos a mí, que iré pagando
a fe de caballero esos errores.

TODOS: ¡Fuenteovejuna! ¡Viva el rey Fernando!
¡Mueran malos cristianos y traidores!

COMENDADOR: ¿No me queréis oír?
Yo estoy hablando, yo soy vuestro señor.

TODOS: Nuestros señores
son los Reyes Católicos.

COMENDADOR: Espera.

TODOS: ¡Fuenteovejuna, y Fernán Gómez muera!

(Vanse y salen las mujeres armadas).

LAURENCIA: Parad en este puesto de esperanzas,
soldados atrevidos, no mujeres.

PASCUALA: ¿Los que mujeres son en las venganzas,
en él beban su sangre, es bien que esperes?

JACINTA: Su cuerpo recojamos en las lanzas.

PASCUALA: Todas son de esos mismos pareceres.

ESTEBAN: *(Dentro).*

¡Muere, traidor comendador!

COMENDADOR: *(Dentro).*

Ya muero.

¡Piedad, Señor, que en tu clemencia espero!

BARRILDO: *(Dentro).*

Aquí está Flores.

MENGO: *(Dentro).*

Dale a ese bellaco;

que ese fue el que me dio dos mil azotes.

FRONDOSO: *(Dentro).*

No me vengo si el alma no le saco.

LAURENCIA: No excusamos entrar.

PASCUALA: No te alborotes.

Bien es guardar la puerta.

BARRILDO: *(Dentro).*

No me aplaco.

¿Con lágrimas agora, marquesotes?

LAURENCIA: Pascuala, yo entro dentro; que la espada

no ha de estar tan sujeta ni envainada.

(Vase LAURENCIA).

BARRILDO: *(Dentro).*

Aquí está Ortuño.

FRONDOSO: *(Dentro).*

Córtale la cara.

(Sale FLORES huyendo, y MENGO tras él).

FLORES:	¡Mengo, piedad, que no soy yo el culpado!
MENGO:	Cuando ser alcahuete no bastara,
	bastaba haberme el pícaro azotado.
PASCUALA:	Dánoslo a las mujeres, Mengo, para...
	Acaba, por tu vida.
MENGO:	Ya está dado;
	que no le quiero yo mayor castigo.
PASCUALA:	Vengaré tus azotes.
MENGO:	Eso digo.
JACINTA:	¡Ea, muera el traidor!
FLORES:	¿Entre mujeres?
JACINTA:	¿No le viene muy ancho?
PASCUALA:	¿Aqueso lloras?
JACINTA:	Muere, concertador de sus placeres.
LAURENCIA:	¡Ea, muera el traidor!
FLORES:	¡Piedad, señoras!

(Sale ORTUÑO huyendo de LAURENCIA).

ORTUÑO: Mira que no soy yo...

LAURENCIA: Ya sé quién eres.
Entrad, teñid las armas vencedoras
en estos viles.

PASCUALA: Moriré matando.

TODAS: ¡Fuenteovejuna, y viva el rey Fernando!

(Vanse).

Habitación de los Reyes Católicos en Toro

*(Salen el REY don Fernando y la reina ISABEL,
y don MANRIQUE, maestre).*

MANRIQUE: De modo la prevención
fue, que el efeto esperado
llegamos a ver logrado
con poca contradicción.
Hubo poca resistencia;
y supuesto que la hubiera
sin duda ninguna fuera
de poca o ninguna esencia.
Queda el de Cabra ocupado
en conservación del puesto,

por si volviere dispuesto
a él el contrario osado.

REY: Discreto el acuerdo fue,
y que asista en conveniente,
y reformando la gente,
el paso tomado esté.
Que con eso se asegura
no poder hacernos mal
Alfonso, que en Portugal
tomar la fuerza procura.
Y si de Cabra es bien que esté
en ese sitio asistente,
y como tan diligente,
muestras de su valor dé;
porque con esto asegura
el daño que nos recela,
y como fiel centinela
el bien del reino procura.

(Sale FLORES, herido).

FLORES: Católico rey Fernando,
a quien el cielo concede

la corona de Castilla,
como a varón excelente:
oye la mayor crueldad
que se ha visto entre las gentes
desde donde nace el sol
hasta donde se oscurece.

REY: Repórtate.

FLORES: Rey supremo,
mis heridas no consienten
dilatar el triste caso,
por ser mi vida tan breve.
De Fuenteovejuna vengo,
donde, con pecho inclemente,
los vecinos de la villa
a su señor dieron muerte.
Muerto Fernán Gómez queda
por sus súbditos aleves;
que vasallos indignados
con leve cause se atreven.
En título de tirano
le acumula todo el plebe,
y a la fuerza de esta voz
el hecho fiero acometen;

y quebrantando su casa,
no atendiendo a que se ofrece
por la fe de caballero
a que pagará a quien debe,
no sólo no le escucharon,
pero con furia impaciente
rompen el cruzado pecho
con mil heridas crueles,
y por las altas ventanas
le hacen que al suelo vuele,
adonde en picas y espadas
le recogen las mujeres.
Llévanle a una casa muerto
y a porfía, quien más puede
mesa su barba u cabello
y apriesa su rostro hieren.
En efecto fue la furia
tan grande que en ellos crece,
que las mayores tajadas
las orejas a ser vienen.
Sus armas borran con picas
y a voces dicen que quieren
tus reales armas fijar,

porque aquellas le ofenden.
Saqueáronle la casa,
cual si de enemigos fuese,
y gozosos entre todos
han repartido sus bienes.
Lo dicho he visto escondido,
porque mi infelice suerte
en tal trance no permite
que mi vida se perdiese;
y así estuve todo el día
hasta que la noche viene,
y salir pude escondido
para que cuenta te diese.
Haz, señor, pues eres justo,
que la justa pena lleven
de tan riguroso caso
los bárbaros delincuentes;
mira que su sangre a voces
pide que tu rigor prueben.

REY: Estar puedes confiado
que sin castigo no queden.
El triste suceso ha sido
tal, que admirado me tiene,

y que vaya luego un juez
que lo averigüe conviene
y castigue los culpados
para ejemplo de las gentes.
Vaya un capitán con él
por que seguridad lleve;
que tan grande atrevimiento
castigo ejemplar requiere;
y curad a ese soldado
de las heridas que tiene.

(Vanse todos. Salen los labradores y las labradoras con la cabeza de FERNÁN GÓMEZ en una lanza).

MÚSICOS: *(Cantan).* «¡Muchos años vivan
Isabel y Fernando,
y mueran los tiranos!».

BARRILDO: Diga su copla Frondoso.

FRONDOSO: Ya va mi copla, a la fe;
si le faltare algún pie,
enmiéndelos el más curioso.
«¡Vivan la bella Isabel,
y Fernando de Aragón,

pues que para en uno son,
él con ella, ella con él!
A los cielos san Miguel
lleve a los dos de las manos.
¡Vivan muchos años,
y mueran los tiranos!».

LAURENCIA: Diga Barrildo.

BARRILDO: Ya va;
que a fe que la he pensado.

PASCUALA: Si la dices con cuidado,
buena y rebuena será.

BARRILDO: «¡Vivan los reyes famosos
muchos años, pues que tienen
la victoria, y a ser vienen
nuestros dueños venturosos!
Salgan siempre victoriosos
de gigantes y de enanos
y ¡mueran los tiranos!».

MÚSICOS: *(Cantan).* «Muchos años vivan
Isabel y Fernando,
y mueran los tiranos!».

LAURENCIA: Diga Mengo.

FRONDOSO: Mengo diga.

MENGO: Yo soy poeta donado.
PASCUALA: Mejor dirás lastimado
el envés de la barriga.
MENGO: «Una mañana en domingo
me mandó azotar aquel,
de manera que el rabel
daba espantoso respingo;
pero agora que los pringo
¡vivan los reyes cristiánigos,
y mueran los tiránigos!».
MÚSICOS: «¡Vivan muchos años!».
ESTEBAN: Quita la cabeza allá.
MENGO: Cara tiene de ahorcado.

(Saca un escudo JUAN ROJO con las armas reales).

REGIDOR: Ya las armas han llegado.
ESTEBAN: Mostrad las armas acá.
JUAN ROJO: ¿Adónde se han de poner?
REGIDOR: Aquí, en el ayuntamiento.
ESTEBAN: ¡Bravo escudo!
BARRILDO: ¡Qué contento!
FRONDOSO: Ya comienza a amanecer,

con este sol, nuestro día.

ESTEBAN: ¡Vivan Castilla y León,
y las barras de Aragón,
y muera la tiranía!
Advertid, Fuenteovejuna,
a las palabras de un viejo;
que el admitir su consejo
no ha dañado vez ninguna.
Los reyes han de querer
averiguar este caso,
y más tan cerca del paso
y jornada que han de hacer.
Concertaos todos a una
en lo que habéis de decir.

FRONDOSO: ¿Qué es tu consejo?

ESTEBAN: Morir
diciendo «Fuenteovejuna»,
y a nadie saquen de aquí.

FRONDOSO: Es el camino derecho.
Fuenteovejuna lo ha hecho.

ESTEBAN: ¿Queréis responder así?

TODOS: Sí.

ESTEBAN: Agora pues, yo quiero ser

agora el pesquisidor,
para ensayarnos mejor
en lo que habemos de hacer.
Sea Mengo el que esté puesto
en el tormento.

MENGO: ¿No hallaste
otro más flaco?

ESTEBAN: ¿Pensaste
que era de veras?

MENGO: Di presto.

ESTEBAN: ¿Quién mató al comendador?

MENGO: Fuenteovejuna lo hizo.

ESTEBAN: Perro, ¿si te martirizo?

MENGO: Aunque me matéis, señor.

ESTEBAN: Confiesa, ladrón.

MENGO: Confieso.

ESTEBAN: Pues, ¿quién fue?

MENGO: Fuenteovejuna.

ESTEBAN: Dadle otra vuelta.

MENGO: ¡Es ninguna!

ESTEBAN: ¡Cagajón para el proceso!

(Sale el REGIDOR).

REGIDOR: ¿Qué hacéis de esta suerte aquí?

FRONDOSO: ¿Qué ha sucedido, Cuadrado?

REGIDOR: Pesquisidor ha llegado.

ESTEBAN: Echad todos por ahí.

REGIDOR: Con él viene un capitán.

ESTEBAN: ¡Venga el diablo! Ya sabéis
lo que responder tenéis.

REGIDOR: El pueblo prendiendo van,
sin dejar alma ninguna.

ESTEBAN: Que no hay que tener temor.
¿Quién mató al comendador,
Mengo?

MENGO: ¿Quién? Fuenteovejuna.

(Vanse).

Habitación del maestre de Calatrava en Almagro

(Salen el MAESTRE y un SOLDADO).

MAESTRE: ¡Que tal caso ha sucedido!
Infelice fue su suerte.
Estoy por darte la muerte
por la nueva que has traído.

SOLDADO: Yo, señor, soy mensajero,
y enojarte no es mi intento.

MAESTRE: ¡Que a tal tuvo atrevimiento
un pueblo enojado y fiero!
Iré con quinientos hombres
y la villa he de asolar;
en ella no ha de quedar
ni aun memoria de los nombres.

SOLDADO: Señor, tu enojo reporta;
porque ellos al rey se han dado,
y no tener enojado
al rey es lo que te importa.

MAESTRE: ¿Cómo al rey se pueden dar,
si de la encomienda son?

SOLDADO: Con él, sobre esa razón,
podrás luego pleitear.

MAESTRE: Por pleito, ¿cuándo salió
lo que él le entregó en sus manos?
Son señores soberanos,
y tal reconozco yo.
Por saber que al rey se han dado
se reportará mi enojo,
y ver su presencia escojo

por lo más bien acertado;
que puesto que tenga culpa
en casos de gravedad,
en todo mi poca edad
viene a ser quien me disculpa.
Con vergüenza voy; mas es
honor quien puede obligarme,
e importa no descuidarme
en tan honrado interés.

(Vanse).

Plaza de Fuenteovejuna

(Sale LAURENCIA sola).

LAURENCIA: Amando, recelar daño en lo amado
nueva pena de amor se considera;
que quien en lo que ama daño espera
aumenta en el temor nuevo cuidado.
El firme pensamiento desvelado,
si le aflige el temor, fácil se altera;
que no es a firme fe pena ligera
ver llevar el temor el bien robado.

Mi esposo adoro; la ocasión que veo
al temor de su daño me condena,
si no le ayuda la felice suerte.
Al bien suyo se inclina mi deseo:
si está presenta, está cierta mi pena;
si está en ausencia, está cierta mi muerte.

(Sale FRONDOSO).

FRONDOSO: ¡Mi Laurencia!
LAURENCIA: ¡Esposo amado!
¿Cómo a estar aquí te atreves?
FRONDOSO: ¿Esas resistencias debes
a mi amoroso cuidado?
LAURENCIA: Mi bien, procura guardarte,
porque tu daño recelo.
FRONDOSO: No quiera, Laurencia, el cielo
que tal llegue a disgustarte.
LAURENCIA: ¿No temes ver el rigor
que por los demás sucede,
y el furor con que procede
aqueste pesquisidor?
Procura guardar la vida.

Huye, tu daño no esperes.

FRONDOSO: ¿Cómo que procure quieres
cosa tan mal recibida?
¿Es bien que los demás deje
en el peligro presente
y de tu vista me ausente?
No me mandes que me aleje;
porque no es puesto en razón
que por evitar mi daño
sea con mi sangre extraño
en tan terrible ocasión.

(Voces dentro).

Voces parece que he oído,
y son, si yo mal no siento,
de alguno que dan tormento.
Oye con atento oído.

(Dice dentro el JUEZ y responden).

JUEZ: Decid la verdad, buen viejo.

FRONDOSO: Un viejo, Laurencia mía,
atormentan.

LAURENCIA: ¡Qué porfía!

ESTEBAN: Déjenme un poco.

JUEZ: Ya os dejo.

Decid: ¿quién mató a Fernando?

ESTEBAN: Fuenteovejuna lo hizo.

LAURENCIA: Tu nombre, padre, eternizo.

FRONDOSO: ¡Bravo caso!

JUEZ: Ese muchacho
aprieta. Perro, yo sé
que lo sabes. Di quién fue.
¿Callas? Aprieta, borracho.

NIÑO: Fuenteovejuna, señor.

JUEZ: ¡Por vida del rey, villanos,
que os ahorque con mis manos!
¿Quién mató al comendador?

FRONDOSO: ¡Que a un niño le den tormento
y niegue de aquesta suerte!

LAURENCIA: ¡Bravo pueblo!

FRONDOSO: Bravo y fuerte.

JUEZ: Esa mujer al momento
en ese potro tened.
Dale esa mancuerda luego.

LAURENCIA: Ya está de cólera ciego.

JUEZ: Que os he de matar, creed,

en este potro, villanos.
¿Quién mató al comendador?

PASCUALA: Fuenteovejuna, señor.

JUEZ: ¡Dale!

FRONDOSO: Pensamientos vanos.

LAURENCIA: Pascuala niega, Frondoso.

FRONDOSO: Niegan niños. ¿Qué te espanta?

JUEZ: Parece que los encantas.
¡Aprieta!

PASCUALA: ¡Ay, cielo piadoso!

JUEZ: ¡Aprieta, infame! ¿Estás sordo?

PASCUALA: Fuenteovejuna lo hizo.

JUEZ: Traedme aquel más rollizo,
ese desnudo, ese gordo.

LAURENCIA: ¡Pobre Mengo! Él es, sin duda.

FRONDOSO: Temo que ha de confesar.

MENGO: ¡Ay, ay!

JUEZ: Comienza a apretar.

MENGO: ¡Ay!

JUEZ: ¿Es menester ayuda?

MENGO: ¡Ay, ay!

JUEZ: ¿Quién mató, villano,
al señor comendador?

MENGO: ¡Ay, yo lo diré, señor!

JUEZ: Afloja un poco la mano.

FRONDOSO: Él confiesa.

JUEZ: Al palo aplica
la espalda.

MENGO: Quedo; que yo
lo diré.

JUEZ: ¿Quién lo mató?

MENGO: Señor, ¡Fuenteovejunica!

JUEZ: ¿Hay tan gran bellaquería?
Del dolor se están burlando.
En quien estaba esperando,
niego con mayor porfía.
Dejadlos; que estoy cansado.

FRONDOSO: ¡Oh, Mengo, bien te haga Dios!
Temor que tuve de dos,
el tuyo me le ha quitado.

(Salen con MENGO, BARRILDO y el REGIDOR).

BARRILDO: ¡Vítor, Mengo!

REGIDOR: ¡Y con razón!

BARRILDO: ¡Mengo, vítor!

FRONDOSO: Eso digo.

MENGO: ¡Ay, ay!

BARRILDO: Toma, bebe, amigo.

Come.

MENGO: ¡Ay, ay! ¿Qué es?

BARRILDO: Diacitrón.

MENGO: ¡Ay, ay!

FRONDOSO: Echa de beber.

BARRILDO: ¡Ya va!

FRONDOSO: Bien lo cuelo. Bueno está.

LAURENCIA: Dale otra vez de comer.

MENGO: ¡Ay, ay!

BARRILDO: Esta va por mí.

LAURENCIA: Solemnemente lo embebe.

FRONDOSO: El que bien niega, bien bebe.

REGIDOR: ¿Quieres otra?

MENGO: ¡Ay, ay! ¡Sí, sí!

FRONDOSO: Bebe; que bien lo mereces.

LAURENCIA: ¡A vez por vuelta las cuela!

FRONDOSO: Arrópale, que se hiela.

BARRILDO: ¿Quieres más?

MENGO: Sí, otras tres veces.

¡Ay, ay!

FRONDOSO:	Si hay vino pregunta.
BARRILDO:	Sí, hay. Bebe a tu placer;
	que quien niega ha de beber.
	¿Qué tiene?
MENGO:	Una cierta punta[2].
	Vamos; que me arromadizo.
FRONDOSO:	Que beba, que este es mejor.
	¿Quién mató al comendador?
MENGO:	Fuenteovejuna lo hizo.

(Vanse MENGO, BARRILDO, y el REGIDOR).

FRONDOSO:	Justo es que honores le den.
	Pero decidme, mi amor,
	¿quién mató al comendador?
LAURENCIA:	Fuenteovejunica, mi bien.
FRONDOSO:	¿Quién le mató?
LAURENCIA:	Dasme espanto.
	Pues, Fuenteovejuna fue.
FRONDOSO:	Y yo, ¿con qué te maté?
LAURENCIA:	¿Con qué? Con quererte tanto.

(Vanse).

2. Sabor agrio del vino.

Habitación de los reyes en Tordesillas

(Salen el REY y la reina ISABEL, y luego MANRIQUE).

ISABEL: No entendí, señor, hallaros
aquí, y es buena mi suerte.
REY: En nueva gloria convierte
mi vista el bien de miraros.
Iba a Portugal de paso
y llegar aquí fue fuerza.
ISABEL: Vuestra majestad le tuerza,
siendo conveniente el caso.
REY: ¿Cómo dejáis a Castilla?
ISABEL: En paz queda, quieta y llana.
REY: Siendo vos la que la allana,
no lo tengo a maravilla.

(Sale don MANRIQUE).

MANRIQUE: Para ver vuestra presencia
el maestre de Calatrava,
que aquí de llegar acaba,
pide que le deis licencia.
ISABEL: Verle tenía deseado.

MANRIQUE: Mi fe, señora, os empeño,
que aunque es en edad pequeño,
es valeroso soldado.

(Vase, y sale el MAESTRE).

MAESTRE: Rodrigo Téllez Girón,
que de loaros no acaba,
maestre de Calatrava,
os pide humilde perdón.
Confieso que fui engañado,
y que excedí de lo justo
en cosas de vuestro gusto,
como mal aconsejado.
El consejo de Fernando
y el interés me engañó,
injusto fiel; y así, yo
perdón humilde os demando.
Y si recibir merezco
esta merced que suplico
desde aquí me certifico
en que a serviros me ofrezco,
y que en aquesta jornada

de Granada, adonde vais,
os prometo que veáis
el valor que hay en mi espada;
donde sacándola apenas,
dándoles fieras congojas,
plantaré mis cruces rojas
sobre sus altas almenas;
y más quinientos soldados
en serviros emplearé,
junto con la firme y fe
de en mi vida disgustaros.

REY: Alzad, maestre, del suelo;
que siempre que hayáis venido
seréis muy bien recibido.

MAESTRE: Sois de afligidos consuelo.

ISABEL: Vos con valor peregrino
sabéis bien decir y hacer.

MAESTRE: Vos sois una bella Ester
y vos un Jerjes divino.

(Sale MANRIQUE).

MANRIQUE: Señor, el pesquisidor

que a Fuenteovejuna ha ido
con el despacho ha venido
a verse ante tu valor.

REY: Sed juez de estos agresores.

MAESTRE: Si a vos, señor, no mirara,
sin duda les enseñara
a matar comendadores.

REY: Eso ya no os toca a vos.

ISABEL: Yo confieso que he de ver
el cargo en vuestro poder,
si me lo concede Dios.

(Sale el JUEZ).

JUEZ: A Fuenteovejuna fui
de la suerte que has mandado
y con especial cuidado
y diligencia asistí.
Haciendo averiguación
del cometido delito,
una hoja no se ha escrito
que sea en comprobación;
porque conformes a una,

con un valeroso pecho,
en pidiendo quién lo ha hecho,
responden: «Fuenteovejuna».
Trescientos he atormentado
con no pequeño rigor,
y te prometo, señor,
que más que esto no he sacado.
Hasta niños de diez años
al potro arrimé, y no ha sido
posible haberlo inquirido
ni por halagos ni engaños.
Y pues tan mal se acomoda
el poderlo averiguar,
o los has de perdonar,
o matar la villa toda.
Todos vienen ante ti
para más certificarte;
de ellos podrás informarte.

REY: Que entren pues viene, les di.

(Salen los dos alcaldes, FRONDOSO, las mujeres y los villanos que quisieren).

LAURENCIA: ¿Aquestos los reyes son?

FRONDOSO: Y en Castilla poderosos.

LAURENCIA: Por mi fe, que son hermosos;
¡bendígalos san Antón!

ISABEL: ¿Los agresores son estos?

ESTEBAN: Fuenteovejuna, señora,
que humildes llegan agora
para serviros dispuestos.
La sobrada tiranía
y el insufrible rigor
del muerto comendador,
que mil insultos hacía,
fue el autor de tanto daño.
Las haciendas nos robaba
y las doncellas forzaba,
siendo de piedad extraño.

FRONDOSO: Tanto, que aquesta zagala,
que el cielo me ha concedido,
en que tan dichoso he sido
que nadie en dicha me iguala,
cuando conmigo casó,
aquella noche primera,
mejor que si suya fuera,
a su casa la llevó;

y a no saberse guardar
ella, que en virtud florece,
ya manifiesto parece
lo que pudiera pasar.

MENGO: ¿No es ya tiempo que hable yo?
Si me dais licencia, entiendo
que os admiraréis, sabiendo
del modo que me trató.
Porque quise defender
una moza de su gente,
que con término insolente
fuerza la querían hacer,
aquel perverso Nerón
de manera me ha tratado
que el reverso me ha dejado
como rueda de salmón.
Tocaron mis atabales
tres hombres con tan porfía,
que aun pienso que todavía
me duran los cardenales.
Gasté en este mal prolijo,
porque el cuero se me curta,
polvos de arrayán y murta

más que vale mi cortijo.

ESTEBAN: Señor, tuyos ser queremos.
Rey nuestro eres natural,
y con título de tal
ya tus armas puesto habemos.
Esperamos tu clemencia
y que veas esperamos
que en este caso te damos
por abono la inocencia.

REY: Pues no puede averiguarse
el suceso por escrito,
aunque fue grave el delito,
por fuerza ha de perdonarse.
Y la villa es bien se quede
en mí, pues de mí se vale,
hasta ver si acaso sale
comendador que la herede.

FRONDOSO: Su majestad habla, en fin,
como quien tanto ha acertado.
Y aquí, discreto senado,
Fuenteovejuna da fin.

FIN DE LA COMEDIA

Lope de Vega

(1562-1635)

Lope de Vega nació en Madrid, el 25 de noviembre de 1562. Poeta y dramaturgo, es considerado uno de los autores más relevantes y prolíficos del Siglo de Oro. Su producción literaria abarca la novela y la poesía, pero destacó entre sus coetáneos por su contribución a la conformación del teatro nacional.

Hijo de montañeses cántabros, siendo niño ya se hizo patente su inclinación por la literatura: a los cinco años leía en latín y a los once compuso sus primeras comedias. Estudió en el Colegio Imperial, hasta ingresar con quince años en un centro adscrito a la Universidad de Alcalá de Henares para cursar el bachillerato. En esta etapa comienza a manifestarse su algarabía amorosa, que motiva la finalización de sus estudios formales. Dedica entonces su tiempo a prestar servicios como secretario en varias casas nobles, así como a la dramaturgia. A la par, se forma en matemáticas y astrología en la Academia Real para saciar su sed de conocimiento.

En 1583, a la vuelta de una expedición militar en Azores, conoce a su segundo gran amor, Elena Osorio. Tras fracasar esta relación, Lope le dedicó varios escritos difamatorios, originando esta situación que fuera desterrado de la Corte y del reino de Castilla en 1588, a pesar de ser ya un reconocido dramaturgo. Antes de abandonar Madrid para asentarse en Valencia, se enamora de Isabel de Urbina y contrae matrimonio con ella. Volverá a Madrid viudo y sin hijos en 1595, para iniciar relaciones paralelas con diferentes mujeres y de forma intermitente residir en Toledo.

En su etapa de madurez asiste como secretario al marqués de Malpica y luego al de Sarria, además de al duque de Sessa. La muerte de uno de sus hijos y de su segunda esposa, Juana, lo sume en una crisis existencial que desemboca en su ordenación como sacerdote. Sin embargo, es esta su época más fecunda literariamente y en la que publica algunas de sus obras más notables, como *La dama boba* (1613), *El perro del hortelano* (1618) o *Fuenteovejuna* (1619). Su ordenación como sacerdote tampoco impide que continúen sus escarceos amorosos, iniciando una nueva y larga relación con Marta de Nevares a la par que vive un momento de triunfo y holgura económica.

En 1635 fallecería en Madrid. Aunque sus últimos años se vieron marcados por diversas desgracias familiares, hasta el último momento consagró su existencia a la escritura.

ÍNDICE

Este libro se terminó de editar en Granada
en septiembre de 2024 por

Aliarediciones

www.aliarediciones.es
info@aliarediciones.es